王熙元　黃慶萱
許錟輝　張建葆　合著

讀書指導

序言

一個大學國文系或中國文學系學生，經過四年的學習鑽研，在群經、諸子、歷代文學及語文訓練方面，也許已接受到足夠的薰陶，但却往往不知道如何着手寫一篇學術論文？如何搜集資料？如何尋找參考書？如何使用工具書？要想在某方面作進一步的深入研究，也不知道如何踏上學術研究的途徑。因此，幾乎全靠自己摸索，而所得的效果，自然是事倍功半，這現象無疑是當前大學教育的一大缺陷。直到進入研究所，不少研究生在撰寫碩士論文之前，仍不免要摸索一番，且需經歷許多嘗試的錯誤。

大約四年以前，在師大國文系的一次系務會議上，我提出有關課程興革的四點具體建議，其中一點很快就被採納實施，那便是在一年級開設一門「讀書指導」的課，可見當時在任的系主任周何先生，確能虛心接受意見，並能以立竿見影的行動，貫徹合理的構想。後來李鍌先生繼任系主任，也得到他的大力支持，增購了大批工具書，並集中在參考室，使教學得到很多便利。其實約在十八年前，師大國文系也開過這門課，當時是由 先師許詩瑛先生任教，但不久便停開了，所以這次只能算是系內課程上的「復古」，而並不是一項創擧。

從六十三學年度起，由系內三位同仁：許教授錟輝兄、張教授建葆兄、黃教授慶萱兄和我，分別擔任這門課的講授。開課以來，教學效果及一般反應都十分良好，學生也覺得很有受益，但有人不免誤會「讀書指導」與「國學概論」是彼此重複的，事實上這兩門課在課程內容與精神上是截然不同的。「國學概論」只是就國學的內涵，依經史子集的次序，作概要性的介紹；而「讀書指導」的宗旨，在着重讀書門徑的指引，治學方法的傳授，並使學生實地練習如何運用各種工具書，以解決讀書、治學過程中所遭遇的疑難問題，且懂得如何搜集研究資料，而達到實學實用的目的，進一步奠定研究高深學術的基礎。

以上所述，是三年前我擬定的「課程計劃綱要」中有關「課程宗旨」的大意。此外，當時所擬定的實施方法有五種：一是課堂講授，二是課外作業，三是分組討論，四是專題演講，五是實地參觀，配合實際需要，分別實施。三年以來，這些方法，我們每年都依計劃實行。

在教學活動的安排上，當然以課堂講授爲重心，講授的內容，分兩個階段實施。在前一階段中，首先對國文系四年內所開設的課程，作分析歸納性的介紹，並指出其精神所在，以爲學生初步學習的指引；其次，列舉國學基本書目，以爲學生擬定未來讀書計劃的參考；然後講授如何運用各種工具書，以爲學生讀書入門的指引。在後一階段中，一是讀書方法的指導，就略讀與精讀兩方面，指點學生運用有效的讀書方法，以收實際的效益；二是治學方法的指導，就目錄、版本、校讎或辨僞各方面，指點學生了解各種治學的基本修養與方法，以爲進一步高深學術研究的準備。再配合講授內容，指定課外作業，舉行分組討論，敦請校外學者作專題演講，或參觀著名的圖書館。以上這些教學活動，在實施的時候，內容的詳略、時間的分配與次序的先後，當然可以靈活運用，隨時作適度的調整。

三年以來，在課堂講授方面，已累積了不少講義，這些講義，對初入大學之門、想進入學問堂奧、而正在摸索徘徊着的青年學子們來說，的確具有指引與啓發的作用；尤其對沒有開設這門課的大學中文系學生來說，或許是相當需要的，因爲其中大多是基礎的、入門的知識，如果只在師大一校講授，拘限一隅，未免可惜，所以，我們決定將這份共營的小小成果，初步奉獻出來，使它們擴大影響，以有助於更多的青年朋友，逐漸踏上學問的大道；另一方面，也爲了便利今後的教學而編印成書，仍以「讀書指導」爲書名。

全書共分五大部門，一是「國學重要工具書指引」，將與國學有關的工具書，依性質及用途，劃分爲檢查字義、辭義、文句、篇目、書籍、聲韻、年代、人名、地名、典章制度、典故辭藻、事物起原等十二大類。每類各介紹代表性的工具書數種，共介紹了六十二部。其中各種引得只算一部，十通中介紹三通，歷代會要介紹東西漢會要及唐會要，其餘都在附記中敍述。介紹的重點，諸如編撰年代、編撰者、出版年月、出版者、內容、體例、特點、使用方法舉例、使用價值檢討等，也有擇要介紹而項目省略的，全看需要而定。

第二部門是「國學基本書目提要」，過去梁任公曾有「國學入門書要目及其讀法」，胡適之也有「一個最低限度的國學書目」，都曾分類列舉國學基本書目，本書目提要就是秉承梁、胡二氏的用意，作更精要的選擇而編成。因爲梁、胡二書目提出時，距今已半個多世紀，時代不斷進步，觀念日益更新，尤其最近若干年來，國學研究方面，運用新方法、富有新見解的著作，迭有出現，對青年頗有啓發與指導性，都亟須精選羅列，使研究國學而能與時代精神相切合。但分類方面，仍採用中國傳統而簡明的分類法，分經學、史學、子學與文學四類，計列舉經學書二十部，其中如十三經注疏，包括十三部經典的注解與義疏，又如三種經解（通志堂經解、皇清經解正續編）中包含後世解經的書數百部之多，所以實際數目相當可觀，這是爲專攻經學的有志青年而提供的。史學書列舉二十八部，其中三通（通典、通志與文獻通考）已在工具書中分別介紹，因三通中部分內容可作檢查資料的工具用，其他部分又純爲史書性質，不但用處不同，介紹的重點也有異，所以兩出而不厭重複。子學書（包括哲學思想）列舉三十二部，文學書四十四部，共計一百二十四部。

我們研究國學，斷不能抱殘守缺，故步自封，必須藉助西方人的思想與方法，吸收西方人的智慧與長處，並了解西方文化的大勢，來激發本國學術的進步，豐富本國文化的內涵。因此，在史學、哲學與文學書目中，選擇了幾部西方人所作而經國人翻譯的名著，史學方面，如黑格爾的「歷史哲學」、威爾斯的「世界史綱」；哲學方面，如羅素的「西洋哲學史」、威爾．杜蘭的「西洋哲學史話」

；文學方面，如衞姆塞特與布魯克斯合著的「西洋文學批評史」、韋勒克與華倫合著的「文學論」等；它們雖然不是國學書，但却是國學研究的輔助性書籍，所謂「他山之石，可以攻錯」，這是要特別說明的。

此外，目錄、版本與校讎，可說是治學的工具，因爲不通目錄，則無從踏入學問的門徑；不明版本，則無法識別書籍的良窳；不知校讎，則無以分辨書籍的純駁；影響治學的成果極大。反之，如能略通這三者，則必有助於學術研究非淺。所以，我們特意將這三方面作扼要的闡述，以爲青年治學的一點匡助，且省却了涉獵專門著作的煩勞。

本書所列的五大部門，是講義中的主要部份，他如有關讀書方法、人生修養兩種書目，還有幾篇參考性的論文，都沒有列入。也有口頭講述而未曾編成講義的，如讀書方法指導，介紹圈點、摘要、提綱、分析、歸納、比較、眉批、札記等主要方法；治學方法指導，原計劃綱要中曾列出以下六端：一爲按目錄以尋求書中之資料，二爲由校勘以匡正書中之譌誤，三爲從版本以識別書籍之良窳，四爲用考證以分辨書籍之眞僞，五爲藉輯佚以了解書籍之存亡，六爲明小學以奠定治學之根基，前三者已由講義編入本書，後三者則或用口授，或指定參考書，由學生自行閱讀，如辨僞方面介紹姚際恒的「古今僞書考」、梁任公的「古書眞僞及其年代」、張心澂的「僞書通考」等。其餘像如何撰寫學術論文？如何撰寫書評文評等，也只摘要口述而已。

本書全部內容的編排，材料的取捨，都經過我們共同商定，其中工具書指引、基本書目提要、目錄學要義三部分，是由我執筆編寫的；版本、校讎二部分，由慶萱兄負責編撰；書影、索引部分及出版事宜，由錟輝兄處理；校訂工作，則由錟輝、建葆兄共同擔任；以上是本書各部份分工的情形。

附錄中的兩篇長文：「中華學術的體系」與「國學的研究法」，都是吾師高仲華先生近年的精心傑構，前者是六十二年暑期在國學研究會的講辭，後者則是今年的講稿，一爲學術體系的剖析，一爲研究方法的闡明，有體有用，相得益彰，對青年必能發生最切實的啓導作用，玆已徵得 仲華師的同意，收爲本書的附錄，特此敬致謝意。

多年以前，陳新雄學長在創新周刊發表的「如何利用工具書」，對各種工具書的介紹，有極詳盡的說明，在分類、體例與材料上，都是本書工具書指引部分的重要參考資料。基本書目中所列舉的國學研究書籍，每部書都有簡要的說明，以提舉其要旨，指出最佳的注釋或相關的參考書，這部分過去梁任公的書目中有些說得很精粹，本提要常有節用，但文中並未一一注明，不敢掠美，特在此申明。

目錄學部分是參考姚名達氏「中國目錄學史」編寫成的；版本學部分是參考高師仲華的「版本學發凡」、屈萬里、昌彼得二先生的「圖書版本學要略」及樂天出版的「古書版本學」（據近人毛氏的「古書版本常談」翻印）編寫成的；校讎學部分則是參考王叔岷先生的「校讎學」講義編寫成的；都一併在此說明。其中除採取專家們的材料之外，當然也參入了個人的見解。

本書在內容及構想方面，原爲針對國文系或中文系學生閱讀中國古書及研究中國傳統學問而設計，但一般文史科學生及對國學有研究興趣的社會人士，自然也都適用。書中由我執筆的前三部門，爲了節省編講義時書寫之勞，全用簡明淺近的文言，而慶萱兄執筆的版本、校讎學部分，偶然採用明暢的語體，這次滙合出版，未能統一，好在各自成篇，大約妨礙不大。至於全書體例、材料與內容方面，諸如分類是否適當？書目列舉是否有遺珠之憾？內容介紹是否有未盡或不當之處？尤其倉促成書，錯誤在所難免，都有待高明的讀者指正。將來如有機會再版，自當隨時修訂補充，以期更趨完善與實用，我們將不勝企盼之至！

民國六十六年九月二日　王熙元　謹序

讀書指導目錄

壹、國學重要工具書指引

一、檢查字義之工具書

甲、普通字典

(一)說文解字

1. 編撰年代：後漢和帝永元十二年庚子（公元一〇〇年）
2. 編撰者：許愼，字叔重，汝南召陵（今河南郾城縣）人。
3. 體例：凡十四篇，合前後敍及目錄爲十五篇（亦稱卷），分五百四十部首，共九千三百五十三文，重文一千一百六十三，解說十三萬三千四百十一字。

許書部首，敍稱始一終亥，據形聯系，即前後部首據形體上之關係相聯系也。全書各部以小篆爲主，古籀文附於下，乃其通例，其先古籀文、後小篆者，是爲變例。

每字大體先釋其義，後說其形體結構，間引通人或經典文，以證成其形義，偶亦說明其六書所屬，惟象形明之，餘皆從略，有時亦註明其讀音。如：

水、準也。北方之行，象衆水並流，中有微陽之氣也。

士、事也。數始於一、終於十，从一十。孔子曰：「推十合一爲士。」

段注：「士、事疊韻，引伸之，凡能事其事者稱士。」

又云：「數始一終十，學者由博返約，故云推十合一。」

瑤：石之美者，从王䍃聲。詩曰：「報之以瓊瑤。」

皿：飯食之用器也，象形。

鼾：臥息也，从鼻干聲。讀若汗。

4.優點與缺點：推究六書之義，分部類從，至爲精密，爲研究文字學者之津梁，此其優點。然所收字不過九千餘，見於經典之字，往往不載，音讀既疏，釋義又略，檢查亦有不便。此其缺點。

5.使用方法：檢查此書時，可利用清黎永椿編之「說文通檢」，或三家村學究所編之「檢字一貫三」。惟前書今不易得，後書係檢查段注說文、經籍纂詁、說文通訓定聲三書之用，檢得一字，即可知此字在說文某篇、纂詁某韻、定聲某部，頗便查檢。今藝文印書館等所印說文，多附筆畫索引，分部首索引及段注索引二種，爲南洋大學翁世華所編，一九六三年編成，亦便檢查。

6.使用價值：此書若用作今人檢查字義之字典，則實不足用；段注考訂雖詳，然亦有疏謬之處，須參閱徐永慶說文段注匡謬、鈕樹玉說文段注訂等書，然可作專研文字學之重要資料。即實用價值漸失，而學術價值日增。

(二)康熙字典

1.編撰年月：清聖祖康熙四十九年（公元一七一〇年）三月至五十五年（一七一六）三月成書，歷時六年。

2.編撰者：張玉書、陳廷敬等三十人。

3. 重修年月：民國六十八年（公元一九七九）元月，就「殿版康熙字典」，加以修整。
4. 重修者：高樹藩。
5. 重修出版者：臺灣啟業書局。
6. 體例：
(1)新修本修整部分，計⑴正內容，⑵訂譌誤，⑶實音讀，⑷增句讀，⑸齊版面，⑹損益附表等六項。
(2)原書分爲子丑寅卯等十二集，各集又分上中下三卷，以集爲單位，分編頁碼。新修本則自始至終統一編列連貫之頁碼。
(3)原書依部首排列，全書分爲二百一十四部，同部首者，以字之筆畫多少爲次，難檢之字，有檢字表可查，全書計收四萬九千零三十字。稍僻之字，收入補遺，不通用之字，收入備考。新修本悉依其舊，而將補遺、備考之字，各依其部首筆畫，納入字典正文。
(4)新修本將各字區分爲常用字、備用字、罕用字、同字、殘字五類，而於每字分別加上不同之符號，以爲區別。
(5)原書每字之下，先列唐韻、廣韻、集韻、韻會、正韻之音，次釋此字之義，次列別音、別義、古音等。每字之後，兼載其字之古體、重文、別體、俗字、譌字。新修本將各字讀音皆居義前，以音統義。其中或有音異義同者，則數音並列，或有特殊讀法者，則入於異讀，另條列舉。其於各字詮義，則分爲一般詮解、異讀、異體、按語、按等五項。
(6)原書譌誤之處，新修本據王引之「康熙字典考證」，及日人渡部溫「康熙字典正誤」，加以釐正。
(7)原書於每字下列其反切、直音，新修本另增國語注音、羅馬字拼音、四聲及韻目。

(8)原書未標句讀，新修本用現行標點符號，標明句讀。

6.本書價值：

(1)部首方面，能撇開說文、玉篇以形系聯的分部傳統，而採用明、梅膺祚字彙，張自烈正字通所用之分部，可謂我國檢字法上一大進步。且此一部首檢字法，至今仍沿用。

(2)連用「字典」成詞，以稱字書，自康熙字典成書後，御賜命名始。前此字書，自說文解字以下，或稱字林，如晉、呂忱有字林；或稱字苑，如晉、葛洪有要用字苑；或稱字統，如後魏、楊承慶有字統；或稱玉篇，如梁、顧野王有玉篇；或稱字様，如唐、玄度有九經字様；或稱字書，如唐、顏元孫有干祿字書；或稱字彙，如明、梅膺祚有字彙；或稱字通，如明、張自烈有正字通。自康熙字典頒行以後，二百餘年來，相沿未改。故研究字典歷史，沿流溯源，康熙字典實據關鍵性地位。

(三)經籍纂詁

1.編撰年代：阮氏任浙江學台時，手定體例，分書類輯，歷二年始成。約當清仁宗嘉慶三年（公元一七九八）左右。

2.編撰者：阮元，字伯元，號芸台，江蘇儀徵人。

3.體例：此書以經傳爲主，旁及諸子傳記，彙集古今訓詁爲書。依詩韻編次及分卷，故凡一〇六卷。聲母相同者，類列一處，每義詳註書名、篇名。正篇未收者，因編補遺，附於每卷之後。（參閱附

錄三，書影二）

4.優點與缺點：

優點：⑴於各字之本義、通轉、假借，言之甚詳，勝於通行字典甚多。

⑵因取材於經傳子史之注，故淵源有自，足正字書之訛誤，且甚有益於讀古書。

⑶胡適、梁啟超諸人，對此書備極推崇，認係讀古書必需之字典。

缺點：⑴各字只解其義，而不注其音，美中不足。

⑵依韻排列，頗不便於檢查。

⑶清劉錦藻續清朝文獻通考經籍考卷四云：「然成自衆手，采掇原文，割截牽綴，時所不免以譌傳譌，亦不少矣！」

5.使用方法舉例：

例一：禮記中庸哀公問政章：「日省月試，既稟稱事。」

「既」字難解，可查去聲五未韻，若於詩韻不熟，則可查目錄索引。

例二：詩關雎：「君子好逑。」「逑」字可查下平十尤韻。

㈣中華大字典

1.編撰年代：清宣統元年（公元一九〇九）至民國三年（一九一四）

2.編撰者：歐陽溥存

3. 體例：

此書編制分十二集，各紀以子、丑、寅、卯等。字之排列，悉依部首爲準。另有檢字表，依筆畫排列。書前有林紓、梁啓超、王寵惠等序；書後有正誤表一卷。

每字之下，先注其音，次解其義，分條列舉，較康熙字典清楚。共收字八萬四千餘，所收各字，除正文本字外，其籀、古、省、或、俗、譌諸文，並皆甄錄。近代之方言，翻譯之新字，亦均收列。至古今中外地名，悉詳沿革，標明今地。

4. 優點與缺點：

優點：(1)所引各書，詳載篇目，甚便查考。

(2)對康熙字典之謬誤，多所訂正。

(3)檢查較康熙字典方便。

缺點：戴鎦齡「字典簡論」，曾列其缺點十二條，其重大者如：

(1)古書脫誤，經人考出，本書仍引其脫誤之文。

(2)舊說本謬，經人證誤，而本書仍引謬說。

(3)鈔書頗有脫誤之處。

(4)引書前後名稱不一。

(五)大學字典

1. 編撰年代：中華民國六十二年十月編成出版。

2. 編撰者：主編林尹，編纂委員李殿魁等國家博士二十一人。

3. 體例：

(1)各字依部首排列，共分二百一十三部，凡收九千九百六十三字，均統一編號。每部內之字頭，依筆劃多寡爲次。各字頭之右下角附以部名，左下角附該字筆劃數，正下方附筆劃總數。例如：1289〔壽〕士 11 (14)

所收單字，除正體外，凡本字、古字、或體字、繁字、簡體字、俗字、訛字等，均各加收錄。

(2)字音方面，每字之下，首列廣韻或集韻、正韻等古代韻書之反切，次列直音，再附以平水韻目，以便研讀古典文學之參考。反切、平水韻目之後，採用國語注音符號及國際音標，方便研究國語讀音及國際人士之使用。凡一字多音多義者，則音義相配合，分別編排。

(3)字義方面，其解釋用淺近文言，並列舉古書中佳句名言，而可讀性較高者，以爲範例，均一一注明其出處。

(4)索引方面，前有部首總表，次有部首檢字表，其下列頁碼及字號。部首疑似而檢索困難之字，則用〔　〕↓重複參列於各部。

例如：

5076〔萬〕字，依字之結構，當入內部，然或有疑爲艸部字者，乃在艸部九畫，6522〔萮〕字之後，列一「萬」字，作〔萬〕↓5076。

字典本文後，附筆畫索引，依總筆畫數，按部首次序排列。

4.優點與缺點

優點：編排新穎，取材適當，解說清晰，檢查尚稱方便，且文學性高，頗合大學生實用。

缺點：(1)每頁側未印當頁筆劃及所列單字，有時不便。(2)出版匆遽，偶有印刷之誤。

(六)正中形音義綜合大字典

1. 編撰年代：民國六十年三月編成出版。
2. 編撰者：高樹藩
3. 體例：

(1)字形——對每一單字字形，列舉甲骨文、金文、小篆、隸書、草書、行書、楷書七種，缺者略之，以楷書爲本，下繫其餘六體，以明遞嬗之迹。對單字字源之詮釋，上溯甲金文，而以小篆爲主，以分析字之結構，說明其得義之所以然。共收單字九千餘。（參閱附錄三，書影三）

(2)字音——對每一單字之讀音，分別注明其反切、直音、注音符號、羅馬注音，並標明四聲及韻目。例如：

徒　同都切　音途　ㄊㄨˊ　Twu　平　虞

對一字數音之單字，若音異義同者，則並列一處，再釋義引例。若義隨音異者（俗稱破音字），則分別排列，各自釋義引例。

(3)字義——對每一單字字義之解釋，合本義、別義（引申、假借）爲一體，就各字在文法上之性質，分別注明其詞性，然後解釋其含義，並引例句，間附圖表。

(4)辨正——對若干特殊字，提供資料，以利辨識、聯想及運用。如：

同字異體：若並之本字作竝，亂之簡字作乱等。

複詞異體：若仿佛亦作彷彿、髣髴，伏羲亦作伏犧、包犧、庖犧等。

專名異讀：如可汗讀克寒，南無讀那摩等。

相對義字：如危字之相對義字爲安，苦字之相對義字爲甘等。

同訓異義：如此之同訓異義字爲之、是、斯等。

連文異義：如上下四方曰宇，往古來今曰宙；有聲有淚曰哭，無聲無淚曰泣等。

本字辨似：如迥異之迥與廻避之廻等，形似而音義實異。

本字正譌：如酗酒之酗讀序不讀凶，俗易譌讀凶；辦事棘手作棘，俗訛作辣。

(5)其他：正文前有林語堂、楊家駱、陳啓天、胡軌序文，正文後附有關中國文字常識之附表，如六書簡介表，中國文字字體演進表、中國文字字體通行年表等凡十種。

乙、虛字字典

周秦兩漢之書，不可以今人之文法讀之，因虛字用法，與今不盡相同。其不同之處，清人劉淇助字辨略、王引之經傳釋詞、吳昌瑩經詞衍釋、孫經世經傳釋詞補、俞樾古書疑義舉例、近人楊樹達詞詮、高等國文法、古書疑義舉例續補諸書中，皆已詳言，且多精確之發明，然仍不免有失，後裴學海著古書虛字集釋，能補諸家之闕失，玆擇要介述如後：

(一)助字辨略

1.編輯年代：清聖祖康熙五十年（公元一七一一）左右。

2.編撰者：劉淇，字武仲，河南確山人，原籍山東濟寧。

3.體例：

此書採錄古書中之助字，分重言、省文等三十類。其訓詁之例凡六，曰：正訓、反訓、通訓、借訓、互訓、轉訓。分列四聲，並以此分卷。各卷之首，附有目錄，其編制依韻排列。取舊訓者十之七，參己見者十之三。元曲助字，以全用方言，故未採入。

4.優點與缺點：

此書爲最早之助字字典，然不曰字典，而曰辨略，蓋重其學術性，實則可作字典用。末附劉毓崧及楊樹達之長跋，於本書之長短，言之極詳。其特長在引據該洽，然依韻排列，今人檢閱，不十分方便。

(二)經傳釋詞

1.編撰年代：清仁宗嘉慶三年（公元一七九八）。

2.編撰者：王引之，字伯申，江蘇高郵人。

3.體例：此書共十卷，係搜集古書中所用之虛字（又名助字或助詞），凡一百六十字，分字排列，一一比較其性質用法，歷引九經三傳及周秦兩漢之書，以推明其隱義。（參閱附錄三，書影四）其例類大致有六：

一曰常語。

二曰語助，如左傳：「其與不然乎？」國語：「何辭之與有？」其中「與」字無意義之類。

三曰歎詞，如書經：「已予惟小子」，詩經：「猗嗟昌兮」。已、猗皆歎詞。

四曰發聲，如易經：「於稽其類」，書經：「於予擊石拊石」。「於」字爲發聲之詞。

五曰通用，如粵之通越，員之通云之類。

六曰別義，如「與」爲「及」，又爲「以」、爲「爲」、爲「爲」（讀去聲）、爲「謂」、爲「如」；「以」爲「用」、爲「由」，又爲「謂」、爲「與」、爲「及」、爲「而」之類。

4.特點：爲檢查虛字之用，開後此研究文法之風氣。

5.使用方法：

例如讀文選司馬遷報任少卿書：「假令僕伏法受誅，若九牛亡一毛，與螻蟻何以異？而世又不與能死節者。」此中「與」字不能以常語解釋，查目錄，「與」字在第一卷，在「家大人曰：『與，猶謂也。』」下引此文曰：「言世人不謂我能死節也。」

6.價值：此書於前人所未及者補之，誤解者正之，其易曉者則略而不論，爲一完備之虛字字典，與所著「經義述聞」相表裏。述聞博考群書，辨析經旨，審定句讀、譌字、衍文、脫簡，往往以經正經，頗爲精確。此書則於虛字能旁通曲盡，卓有依據。後吳昌瑩撰「經詞衍釋」，續王氏所未詳，釋王氏所未及，推廣博衍，編次與王氏同，又孫經世撰「經傳釋詞補」，可一併參考。

(三)詞詮

1.出版年月：民國十七年十月商務初版。

2.編撰者：楊樹達，字遇夫，湖南長沙人。

3.體例：此書取古書中常用之介詞、連詞、助詞、歎詞及部分代名詞、內動詞、副詞等之用法，加以說明，首別其詞類，次說明其義訓，終舉例以證明之。其排列方法，依國音字母爲次，並於篇首製有部首目錄，以利檢查。

(四)古書虛字集釋

1.編撰及出版年代：民國二十一年九月編成，二十三年十月商務初版。

2.編撰者：裴學海，字會川，河北灤陽人，清華研究院畢業。

3.體例：此書收虛字凡二百九十字，各加解釋，並酌採助字辨略、經傳釋詞、古書疑義學例、詞詮、高等國文法及章太炎之新方言、孫經世之經傳釋詞補等書中資料，而以經傳釋詞爲主，故於其所收之字及所有解釋，皆完全採入，唯非語詞之字未收，不允當之訓不錄，意同者併之，不同者析之，至所引例句，則以周秦兩漢爲主，以後代之書爲附證。

全書分十卷，各字之排列，依聲母爲次，一至四卷皆喉音字，五卷爲牙音字，六卷爲舌音字，七至九卷皆齒音字，十卷爲脣音字。編次方法與經傳釋詞同。書前有總目，書後有「經傳釋詞正誤」、「類書引古書多以意改說」二文。

4. 價值：此書條理淸晰，檢閱極便，且「引證詳博，解釋正確，凡於對文、變文、古音、今音、通假、轉變、莫不極深研幾。」（李廷玉序）而於劉、王、俞、楊諸書之未及者補之，誤解者正之，是而未盡者申證之，誠研讀古書之重要工具書也。

二、檢查辭義之工具書

甲、普通辭典

(一)辭　源

1. 編撰及出版年月：編纂始於淸光緒三十四年（公元一九〇八），至民國四年（一九一五）十月出版正編，二十年（一九三一）十二月始出版續編。

2. 編撰者：陸爾奎。

3. 增修年月：民國六十七年（公元一九七八）十月增修，分裝上下二册。

4. 增修者：王夢鷗。

5. 出版者：臺灣商務印書館。

6. 體例：

(1)單字列音切。(2)全書用簡明標點。(3)各字排列以部首爲次。(4)原書收詞語九萬八千六百四十四條，增修本增二萬九千四百三十條，計十二萬八千零七十四條，增約百分之三十。

(二)辭　通

1.編撰及出版年月：編纂約始於清光緒三十年（公元一九〇四）左右，至民國二十三年（一九三四）八月出版。

2.編撰者：朱起鳳。

3.出版者：上海開明書店。

4.體例及特點：

(1)本書係朱氏以個人之力，積三十年之功夫編成，章太炎、胡適、錢玄同、劉大白、林語堂等均爲作序。

(2)其排列方法，係依各辭齊下一字，依韻排列，檢查頗不方便。書後雖附四角號碼及筆劃索引，但前後翻檢，仍有不便。

(3)其編纂體例，不依普通辭書方法，以便檢尋，是其缺點。

(三)辭　海

1.編撰及出版年月：編纂始於民國五年（公元一九一六），至二十五年（一九三六）始告完成，二十五年至二十六年間初版。

2.編撰者：徐元誥、舒新城等五十二人。

3.增訂年月：民國六十九年（公元一九八〇）三月最新增訂本初版。

4.增訂者：熊鈍先。

5.出版者：臺灣中華書局。

6.體例：

(1)原書單字列音切，增訂本另增國語注音。
(2)原書收詞語十萬餘條，增訂本增收三萬餘條。
(3)全書用新式標點，書名、人名均加線號。
(4)各字排列以部首爲次。
(5)書後附有檢字表、先總統　蔣公生平大事紀要、國際天文協會星座名稱對照表、中外歷代大事年表、中外度量衡幣制表、注音符號檢字表、譯名西文索引等二十一種。

(四)中文大辭典

1. 編撰及出版年代：編纂始於民國五十一年（公元一九六二）元月，迄五十七年（一九六八）八月完成，歷時七年。自五十一年十一月至五十七年底陸續出版。
2. 編撰者：高明、林尹主編，賴炎元、王忠林等六十餘人編撰。
3. 出版者：中國文化研究所（與國防研究院合作）。
4. 體例：

分二百一十四部首，共收單字四萬九千八百八十八字，辭彙三十七萬一千二百三十一條，都八千萬言。初以十六開本印行，分訂四十巨册（正文三十八册，索引二册）。今有普及本，分裝十册。

單字解釋方面：主要在說明每字之結構及本義，各種訓義之淵源，形音義之相互關係，及其疑義異說。

(1)字形：上溯甲骨、金文及篆、隸、楷、草諸體之變化，依時代先後爲次，以見文字構造之本源，而明字形演變之史跡（各字以通用正體爲準。又形音義綜合大字典每體僅列舉一形，此書則每體各列舉數形，可資比較其形體之異）。

(2)字音：

①每字之下，先注其本義之反切，以最早之韻書爲準，餘依時代先後列於其下。

②次列該字平水韻韻目。

③次列國語與羅馬字注音。

④一字數音者，依本義、引申義、假借義之音爲次，分條以甲、乙、丙等符號標明之。

(3)字義：字義解釋採自爾雅、說文、方言、釋名等字書及兩漢以來諸傳注。每字之下，首列本義，引申義次之，假借義又次之，分條列於各讀音之下。引申義及假借義，又以名詞、動詞、形容詞、助詞爲序，各附例句，以證義訓用法。（參閱附錄三，書影五）

辭彙說明方面：每一辭彙之解說，注意其出處與意義。先以恰當之語句解釋，再引出典及例句，依經史子集及時代先後爲序，必要時附以圖表。

排列檢索方面：

(1)字之排列，原則上依康熙字典部首分類，其中若干錯誤，經予訂正。各部首內之字，先分筆畫少多，再按字形起筆之點橫豎撇爲序排列。各字所屬辭彙之排列，以第二字筆畫，由少而多，第二字筆畫相同者，按字形起筆點橫豎撇爲序。

(2)各字均予編號，所屬辭彙亦依序編號，並以當頁字詞編號起迄載於眉端。

(3)每頁側行列部首、筆畫及該畫之字、頁數等。

(4)全書每册首頁均附有部首及筆畫檢字表。

5.特點：本書依日本漢學家諸橋轍次所編「大漢和辭典」改編、充實、修訂而成。資料豐富，體例完善，典據精核，此其優點。解說、出處、引例及印刷偶有錯誤，此其缺點，然實瑕不掩瑜。

6.使用價值：此書爲目前規模最大之中文辭書，有此一書，則於文字結構與演變，字音之變遷，字義、辭義、格言、成語、術語、人名、地名、官名、年號、動植物名、器物制度等，均可一索而得。誠爲治學最方便之參考用書，可幫助學者解決絕大部分疑難問題。

乙　特殊辭典

(一)成語典

1.出版年代：民國六十年(公元一九七一)四月初版。
2.編撰者：劉中和、方祖燊、馮大綸、鄭奮鵬、繆天華、邱燮友等六人，由繆天華主編。
3.出版者：台北復興書局。
4.體例：
(1)用淺近文言解釋，並注明引書之篇卷，以便檢閱原書。
(2)於成語間作考證，凡引易、書、詩等古籍；藝文類聚、太平御覽等類書及宋元明清之小說、戲曲等達百餘種。
(3)編次方法與普通辭典相同，即先依部首、次依筆畫，依序排列。
(4)書首附部首檢字索引，書末附分類索引，可依類檢閱，因義以尋成語。共分天文、地輿、歲時、風景等四十八類，其無類可分者，則入雜類。
5.優點：解釋深入淺出，引書詳注出處，考證精博，頗能明其源流。所收成語，有爲其他辭書所不載者，如「民不聊生」、「標新立異」二條。辭源、辭海、國語辭典、大漢和辭典等，皆未載其出處，而此書則詳考其淵源，上條見史記陳餘傳，下條見世說新語文學篇。
6.使用價值：共收成語一萬一千餘條，爲目前檢查成語最佳、最實用之辭典。

(二)重編國語辭典

1.編撰及出版年月：民國六十五年(公元一九七六)五月至六十八年(一九七九)十一月，歷時三年零五個月編成。排校歷時二年，至七十年十一月出版。
2.編撰者：教育部重編國語辭典編輯委員會編。
指導者爲葉公超，另有指導委員二十一人。主編及校訂者爲何容、王熙元，編審有許錟輝、尤信雄、陳滿銘、廖吉郎、賴橋本，另有各科學術名詞編審二百八十人。

3. 出版者：臺灣商務印書館。

4. 體例：

(1)本辭係依據民國二十年至二十五年編成、三十四年出版、中國大辭典編纂處編、汪怡主編之「國語辭典」規模，去蕪存菁，正誤增新，並改善體例編成，故稱「重編國語辭典」。

(2)所收單字、複詞、成語、人名、地名、書名、學術名詞及術語等，共十二萬二千八百八十九條。

(3)各字及詞依所注國音之注音符號及其拼音次序排列，書後除製音序檢字表，以便按字音而檢得形義外，別製部首索引及部首檢字表，以備由字形而檢尋音義。

(4)字形原則上依教育部制訂之常用及次常用國字標準字體為準，以楷書正體字為主，附以簡體、或體、俗體等異體字。

(5)各字及詞除以國語注音符號（國音字母第一式）分別注音外，並加注國語羅馬字（國音字母第二式）及耶魯拼音，以便利國際人士學習我國語文之用。

(6)本辭典除詳注字詞之標準讀音外，並注重字形之統一及標準化，解釋亦力求詳確，以滿足檢用者之需求。

(7)單字之釋義，其一字有數義者，先依詞性分別排列，按名詞、代名詞、動詞、形容詞、副詞、介詞、連詞、助詞、歎詞之次序，無則從缺；再依異義分別排列。

(8)字詞之釋義，用淺近之文言，或精練之語體，俾易了解。解釋之後，列舉例詞、例句，或取自日常用語，或取自古書。其取自古書者，皆一一注明其出處。

5. 特點：

(1)本辭典以「正音」及「統一國語」為主要目標，故逐字逐詞皆有詳確之國語注音，以為國人研習國語、矯正讀音之助。

(2)另採國語羅馬字及耶魯拼音兩套注音法式，一則便利國際人士學習我國語文，二則藉此廣泛傳播中華文化，三則針對與中共在海外文化作戰之需要。

(3)所收單字，包括現代科學新增之字，及各科學術中專用之字，如金屬元素「釷」、「鈽」，氫的放射性同位素「氚」、「氚」，造船學用字「艏」、「艉」，民族學用字「佧」、「佤」等。

(4)所收辭彙，以見於古籍而尚流行於現代語文中，及通俗口語中所用之辭爲主，小說、戲曲等俗文學中辭語，亦收錄不少，如：

巴不得　非常盼望的意思，如「當夜，武松巴不得天明。」（水滸傳·第二十八回）

巴高望上　求上進，如「憑他是誰，那一個不想巴高望上，不想出頭的？」（紅樓夢·第四十六回）

(5)廣收學術名詞，分人文、社會、自然、應用科學四門，包括一〇六種學科。

6.使用價值：

(1)正音—每一字詞，均注以正確標準之國音，故可供學習國語及矯正語音之用。

(2)定詞—所收詞彙，皆確定一正詞，義同而詞異者列爲附詞，書後附同義異詞索引，可由附詞檢得正詞頁碼。

(3)明詞性—單詞皆注明詞性，然後解釋舉例，對國文教學極爲實用。

(4)明詞構—字數較多之複詞，以詞類連書法注音，可帮助了解詞類之結構。

(5)明出處—古書詞語及典故，皆注明出處，可供查考之用。

(6)檢尋方便—依音序排列，較依部首筆畫排列，檢尋時更爲迅速而便利。

(三)聯緜字典

凡聯綴成義之字，謂之聯緜字；今文法謂之複詞，可分二類：由聲音衍生者曰衍聲複詞，由意義結合者曰合義複詞。衍聲複詞又分三種：即：

1.雙聲：如蜘蛛、琵琶、玲瓏。
2.疊聲：如葫蘆、螳螂、蜻蜓。
3.非雙聲疊韻：如咖啡、葡萄、玻璃。
別有疊字衍聲複詞，如形容細語之「喃喃」，形容蛙鳴之「閣閣」等；帶詞頭之衍聲複詞，如老虎、阿瞞（曹操小名）等；帶詞尾之衍聲複詞，如花兒、窗子等。
合義複詞亦分三種：即：
1.聯合式：如以「春秋」爲年歲，「丹青」爲圖畫，「干戈」爲戰爭。
2.組合式：如以「黃髮」爲壽考，「高足」爲高弟，「朱門」爲貴族。
3.結合式：如以「懸壺」爲行醫，「吹牛」爲誇張，「抬摃」爲爭辯。
宋人張有著復古編，別立聯緜爲一類，近人王國維有聯緜字譜。

* * *

1.編成年代：序作於民國二十一年孟冬，至二十九年（公元一九四〇）庚辰始成書。
2.編者：符定一，字宇澂，湖南衡山人。
3.出版者：中華書局。
4.體例：
(1)爾雅以義統字，一義可有數字，由義得字，其檢字難；本書以字統義，一字可有數義，由字得義，故尋字易。且分部收字，分字收義，變更爾雅之例，免除翻閱之煩。
(2)部首採字彙、康熙字典之二百一十四部，依筆畫繁簡，定部居先後。
(3)取材自三代以迄六朝，經史子集兼備。
(4)原名字詁，更名字典，前有黃侃、葉德輝等序文。
(5)前附韻部表、聲紐表、字典本文索引。

5.特點：中國語文之特點在複詞，即所謂聯緜字，向來字典，兼取單複，專取複詞者，此其始也。

6.價值：本書於每一聯緜字之來歷，及其演變，窮源竟委，敍述詳盡，且直接從各書中採取材料，詳實精審，轉語羅列，異文備陳，義證博洽，聲韻兼賅，凡此種種，皆其他字典所不及。

(四)詩詞曲語辭匯釋

1.編成年代：民國二十五年起，至三十四年（公元一九四五）編成，歷時八年。

2.編者：張相，字獻之，浙江杭縣人。

3.出版者：中華書局。

4.體例：是書乃滙集唐、宋、元、明人詩、詞、曲中習用之特殊語辭，詳引例證，解釋其意義與用法。共六卷，前有全部語辭目錄，末附語辭筆畫索引。每條解釋所引例證，其排列次序，大體由詩而詞而曲，依次爲組，無則缺其一，或缺其二，每組之引證，略依作者時代爲次。詩以唐爲中心，宋次之；詞以宋爲中心，金元次之；曲以金元爲中心，元以後次之。（參閱附錄三，書影六）

5.特點及價值：其中語辭，大半出於當時通俗口語，從來未有專書解釋，此書經編者精心搜集整理，八年而後寫定，爲治古典文學、語文文學者頗具參考價值之工具要籍。

(五)戲曲辭典

1.編成年代：民國五十四年起，至五十八年（公元一九六九）編成，歷時五年。

2.編者：王沛綸，爲已故名聲樂家。

3.出版者：中華書局。

4.體例：

(1)此書所收辭類，以有關元、明、清三代戲曲之專門知識爲主。

(2)全書所收人名、曲名、戲名、書名、牌名、方言、術語等，自一字以至數字，均按照筆畫與字數多寡，仿辭海體裁，綜合編排，都六千六百餘條。

(3)所收人名，又分戲曲家與劇中人二大類，前者略敍其生卒年代及重要作品，後者則述其生平逸事、傳世特行。

(4)所收劇名，又分雜劇與傳奇二大類，其劇情故事有書可稽者，無不盡量錄入。

5.特點：

(1)內容豐富：全書內容，包括中國戲曲形成前後之樂曲名詞；戲曲伴奏樂器名稱及構造之說明；元、明、清雜劇與傳奇之劇目及本事；歷代有名戲曲家之姓氏及簡歷；劇場專用名詞及舞名術語；元、明戲曲中之方言俗語等，可謂已囊括一切戲曲知識。

(2)詮釋精當：戲曲名詞，尤以古劇樂曲名詞，極不易解，而編者往往以精簡之文字，將專門性之考據，化為普及性之詮釋。

6.價值：此書旨在供初學戲曲文藝者以應用之工具，故術語之解釋，力求深入淺出，前有檢字表，檢查又極方便，實為愛好研究戲曲者之重要參考書。

(六)小說詞語匯釋

1.出版年月：民國六十一年（公元一九七二）十二月台二版。

2.編者：張心逸

3.出版者：中華書局。

4.體例：

(1)全書所收通俗小說六十四種，詞語八千四百餘條，各加注釋及引例，另有不必加注之成語二千餘條，如水滸傳十五回：「三寸不爛之舌」。鏡花緣五十回：「千里送鵝毛，禮輕人意重」等，則編爲「小說成語彙纂」一卷附後。

(2)所收詞語，全採自宋元以來之通俗小說，下迄清末。

(3)其編次方法，以首字筆畫多少爲次；一畫之中，又依字典部首爲次；首字相同者，以字數多少爲次；首字相同而字數又同者，則以次字筆畫多少爲次。

(4)同一詞語有不同意義者，則分別舉例解釋。

(5)詞語加助詞如兒、子等，而意義不變者，即作爲附詞，附於正詞之後，如「一溜兒」附「一溜」後。

(6)詞語意同而首字又同者，合爲一條，以常用或較正確者爲主詞，餘爲附詞，附於主詞之下，如「一窩風」附於「一窩蜂」下。

(7)所收詞語以兩字以上者爲主，但有些單字在小說中另有意義，非一般字典能查出者，亦予收入，如「村」字可解作粗野等。

5.使用價值：宋、元、明、清以來之中國小說，爲俗文學之流傳極廣而頗具文學價值者，近代研究者日多，其中用語廣泛，有各地方言、江湖流行之切語、各行各業之術語。尚有梵語、滿洲語、蒙古語等，包羅萬象，讀小說者往往不能完全了解，此書則有助於了解及研究之用。

(七)佛學大辭典

1.編輯年月：民國元年草創，至八年(公元一九一九)春書成。

2.出版年月及出版者：初版於民國九年由上海醫學書局出版，今有新文豐出版公司影印本，六十三年十月初版。

3.編者：丁福保，字仲祜，江蘇無錫人。

4. 體例：

(1)本書係採輯佛書中之專門名詞、人名、書名等加以詮釋，並參考日本織田氏、望日氏之佛教大辭典，若原氏之佛教辭典，藤井氏之佛教辭林以補充之。（參閱附錄三，書影七）

(2)全書三千餘頁，每頁分上中下三欄，約三百萬言，共收辭語三萬餘條。

(3)各詞排列，以筆畫多少爲次，每詞之下，先註明其爲術語，抑書名、人名、經名等，然後解釋。

(4)前有伍廷芳、閻錫山、顧實、傅增湘等序文多篇，附作者自訂年譜、例言、目次及通檢。

(5)特點及價值：本書所收詞語，凡東西方與佛乘有關之學說術語，悉爲網羅，我國出版之佛學辭典，此書最爲浩博，所編通檢，包括書中每一詞語，甚便檢閱。

(八)圖書學大辭典

1. 編輯年月：民國十八年（公元一九二九）秋草創，歷時六年編成。

2. 編者：盧震京主編，其友人印國鈺、葉章和、俞寶書助編。

3. 出版者：商務印書館，今有民國六十年（公元一九七一）修訂版。

4. 內容：本書內容，皆有關圖書學之資料及專門術語，舉凡圖書學原理、方法；圖書館之歷史、行政；中國著名圖書館之組織、設備等，甄錄無遺。卽與圖書有關之各種學術，如校讎學、書史學、版本學、目錄學、讀書方法、書業演進、印刷裝訂之技術等，亦包羅殆盡。（參閱附錄三，書影八）

5. 體例：

(1)依所收詞語第一字筆畫多少排列，同一筆畫者，依點橫直撇屈爲序。

(2)書之體裁，做阿美利加百科全書、大英百科全書、教育大辭典等書之例。

(3)書前有盧前、蔣復璁等序文多篇，並附編輯大意及總目錄；書後附有中外作家異名錄、歷代藏書家室名索引，四角號碼索引等七種。
(4)書中附有書目、表譜等圖表二十四種。
(5)全書不下九十六萬言。

6.特點：

(1)本書性質範圍與圖書辭典不同，故於歷代重要巨著，僅略一涉及而已，餘則不錄。
(2)本書編輯目的，在節述各種圖書學說，並提示圖書舘所用術語，摘敍中外圖書制度之概要，旁徵博引，詳爲參證。
(3)本書側重本國圖書事項，故於本國圖書制度、法令等，均盡量搜錄。
(4)本書重在專門條目之詮釋，故凡圖書之專門名詞，均詳爲羅列，對於普通條目有關圖書者，亦盡量列入。

7.價值：本書係圖書學之專門辭典，搜羅宏富，材料精確，內容之充實，恐無出其右者。所附圖表，皆有裨於實用，有案圖索驥之便。編者盧震京等，任職圖書舘及治目錄、圖書之學有年，故能旁搜博採，解說詳盡，裨益教育文化事業非淺。

三、檢查文句之工具書

(一)十三經索引

1.出版年月：民國二十三年(公元一九三四)九月上海初版，四十四年六月台北一版。
2.出版者：開明書店。
3.編輯者：葉紹鈞。

4.體例：

(1)將十三經全文，逐句分割，按句首字筆畫排列，下注出自何經、何篇、何章？如：

君子憂道不憂貧　論衛32

即指此句出於論語衛靈公篇第三十二章。

(2)卷首附檢字表及篇目簡稱表，別有「十三經經文」，可以對檢。

(3)首字相同之條，於首條第二字旁列數字，即其筆畫數，次條以下不標，至筆畫有加，則改列另一數字。

(4)若首字相同之句數不滿十條，則第二字旁不標數目，因檢尋容易故。

(5)頁旁附注筆畫、句首字、及第二字筆畫數。

5.使用價值：十三經篇帙浩繁，記誦不易，得此一書，於十三經中無論何句經文，皆可隨手檢出，不必如昔日之强爲記憶也。

(二)群經引得

1.編輯年月：民國二十年（公元一九三一）至三十九年（公元一九五〇），十九年間編成。

2.出版年月：民國二十四年後，陸續出版。

3.編輯者：燕京大學哈佛燕京學社引得編纂處編，負責人爲洪業、聶崇歧、李書春、趙豐田、馬錫用五人。

4.體例：

(1)分書編撰，如周易、毛詩、周禮、儀禮、禮記、春秋經傳、論語、孟子、爾雅等，各編引得一本。

(2)悉以民國十五年上海錦章圖書公司影印之清嘉慶二十年（公元一八一五）南昌府學重刊十三經注

疏附校刊記本爲準。

⑶引得排列，一依「中國字庋擷法」，庋擷（音詭絜）二字有放入取出之意，以代表漢字之解剖排列法。漢字之重要筆畫，共得十種，各以號碼代之。如：

、0（點）
一1（橫挑、右鈎之橫）
丿2（撇、直、左鈎之直及斜直）
十3（兩筆相交，至少有一筆爲橫或直）
又4（兩筆相交而皆斜行）
才5（直及斜筆插透兩筆以上者）
糸6（糸之各部分及各變體）
丁7（橫或直，以其中間之上下或左右連於直或橫者）
目8（一筆之轉，或兩筆相接而成一角者）
八9（八與人及其變體）

⑷漢字結構，共有12345五體，次於每體中各取四角筆畫，以號碼依次排列，即得其字之數碼，取角次序爲上左、上右、下左、下右，如：

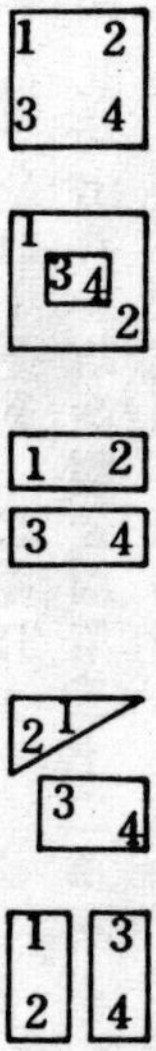

中 1
國 2
字 3
庋 4
擷 5

口 1/8888　册 1/8833　因 2/8839　昌 3/8888　厝 4/1238　刻 5/0922

(5)引得每字所綴之原句下，皆標明所在之處。如：

I00010 心 七十而從○所欲 2/2/4 （頁次／篇次／章次）

(6)前列全部經文白文，篇章皆依次編號，有異文見於校勘記者，則標以號碼，而於下端另闢一欄，列其異文。（參閱附錄三，書影九）

(7)前有筆畫檢字及拼音檢字表。

附記：哈佛燕京學社已編有六十多種引得，除群經經文引得外，又有注疏引得、引書引得等，然群經中無尚書。又哈佛經書引得之外，又有子書引得，然於老子、管子、韓非子等，亦付闕如，今南嶽出版社印行十三經引得，及諸子引得，使成完璧，誠有益於學術界也。至於四書部分，今孔孟學會亦曾印行，分論語、孟子、學庸三冊。茲附哈佛所編引得書目於後：

哈佛燕京學社所編引得六十四種目錄

一、引得四十一種

1. 說苑引得
2. 白虎通引得
3. 考古質疑引得
4. 歷代同姓名錄引得

5. 崔東壁遺書引得
6. 儀禮引得
7. 四庫全書總目及未收書目引得
8. 全上古三代秦漢三國六朝文作者引得
9. 三十三種清代傳記綜合引得
10. 藝文志二十種綜合引得
11. 佛藏子目引得
12. 世說新語引得
13. 容齋隨筆五集綜合引得
14. 蘇氏演義引得
15. 太平廣記篇目及引書引得
16. 新唐書宰相世系表引得
17. 水經注引得
18. 唐詩記事著者引得
19. 宋詩記事著者引得
20. 元詩記事著者引得
21. 清代畫家字號引得
22. 刋誤引得
23. 太平御覽引得
24. 八十九種明代傳記綜合引得

25. 道藏子目引得
26. 文選注引書引得
27. 禮記引得
28. 藏書記事詩引得
29. 春秋經傳注疏引書引得
30. 禮記注疏引書引得
31. 毛詩注疏引書引得
32. 食貨志十五種綜合引得
33. 三國志及裴注綜合引得
34. 四十七種宋代傳記綜合引得
35. 遼金元傳記三十種綜合引得
36. 漢書及補注綜合引得
37. 周禮引得，附注疏引書引得
38. 爾雅注疏引書引得
39. 全漢三國晉南北朝詩作者引得
40. 史記及注釋綜合引得
41. 後漢書及注釋綜合引得

二、引得特刊二十三種

1. 讀史年表附引得

2. 諸史然疑校訂附引得
3. 明代敕撰書考附引得
4. 引得說
5. 勺園圖錄考附引得
6. 日本期刋三十八種中東方學論文篇目附引得
7. 封氏聞見記校證附引得
8. 清畫傳輯佚三種附引得
9. 毛詩引得附標校經文
10. 周易引得附標校經文
11. 春秋經傳引得附標校經傳全文
12. 琬琰集刪存附引得
13. 一百七十五種日本期刋中東方學論文篇目附引得
14. 杜詩引得
15. 六藝之一錄目錄附引得
16. 論語引得，附標校經文
17. 孟子引得，附標校經文
18. 爾雅引得，附標校經文
19. 增校清朝進士題名碑錄附引得
20. 莊子引得
21. 墨子引得

22. 荀子引得
23. 孝經引得

三、通檢叢刊十五種

1. 論衡通檢
2. 呂氏春秋通檢
3. 風俗通義附通檢
4. 春秋繁露通檢
5. 淮南子通檢
6. 潛夫論通檢
7. 新序通檢
8. 中鑒通檢
9. 山海經通檢
10. 戰國策通檢
11. 大金國志通檢
12. 契丹國志通檢
13. 輟耕錄通檢
14. 方言校箋附通檢
15. 文心雕龍新書附通檢

以上引得及通檢，今成文出版社有翻印本。

該社近出版其他引得九種，目錄如下：

1.管子引得　莊爲斯編
2.國語引得　包吾剛編
3.韓非子引得　莊爲斯編
4.李賀詩引得　艾文博編
5.人物志引得　包吾剛編
6.唐律疏議引得　莊爲斯編
7.朝野類要引得
8.韋應物詩注引得　湯姆斯編
9.法苑珠林志怪小說引得　培勃編

四、檢查篇目之工具書

(一)國學論文索引

1.出版年月：原版分初編、續編、三編、四編，自民國十八年至二十五年間陸續出版；台灣版爲民國五十六年（公元一九六七）五月出版。
2.出版者：原由北平中華圖書舘協會發行，今有鐘鼎文化出版公司及維新書局印行本。
3.編者：國立北平圖書舘索引組編．由舘長王重民負責主持。
4.內容：
(1)是書各編，係將清末至民國二十四年間出版之雜誌、報章中關於國學論文之篇目，編成分類索引，所收雜誌、報章，如小說月報、國粹學報、新青年、新民叢報、語絲、燕京學報等共數百種。

⑵初編收清光緒至民國十八年間刋物凡八十二種，論文約三千餘篇，續編所收，除少數係民初出版者外，餘均爲民國十九年間之刋物，約八十餘種，三編收十七年至二十二年五月出版之刋物一百九十二種；四編收二十三年一月至二十四年十二月出版之刋物約二百十餘種，論文四千餘篇。

5. 體例：

⑴全書依論文性質分爲十七大類，其類目如下：

總論　群經　語言文字　考古學　史學　地理　諸子學　文學　科學

政治法律學　經濟學　社會學　教育學　宗教學　音樂　藝術　圖書目錄學

⑵凡通論性論文，弁於各類之首，餘依性質，再分若干子目。

類目以性質分者，則就性之所近爲次序，其有時代性者，則依時代之先後爲順序。

⑶每篇論文，各就其篇名、作者、雜誌卷號三項錄之。（參閱附錄三，書影十）

⑷對較有價值之論文，多附注其內容，關於歷代文學家，則略記其籍貫、別號及生卒年代，以便讀者一目了然。

⑸其檢查方法，爲依類求目、依目求篇之法。

⑹每編卷首，附有所收雜誌卷數號數一覽，以筆畫多少分先後。

6. 使用價值：

有此索引，則凡清末至民國二十四年間，散在數萬册雜誌內之國學論文，可依論文之性質，一檢而知其載在何種雜誌？何卷何期？爲撰寫學術論文前，搜集參考資料時最方便之工具書。

㈡文學論文索引

1. 編輯年代：民國十四年（公元一九二五）至二十年（公元一九三一）編成，歷時七年。

2.出版年代：原書爲民國二十一年至二十五年先後出版，台灣版爲民國五十九年三月初版。
3.出版者：台灣學生書局
4.編者：張陳卿、陳璧如、劉修業、李維垿等。
5.內容：
(1)全書分正編、續編、三編。正編收清光緒三十一年至民國十八年出版之雜誌、報章共一六二種，論文篇目四千餘。
(2)續編收民國十七年至二十二年五月出版之刋物一九三種，論文篇目四千餘條。
(3)三編收民國二十二年六月至二十四年十二月出版之刋物二百二十餘種，論文篇目亦四千餘條。
6.體例：
(1)每編又各分上、中、下三編。上編爲文學總論，包括文學的通論，因內容分戲曲、小說、辭賦等子目；與通論各國文學，以國界分子目。
(2)中編爲文學分論，依體製分詩歌、戲曲、小說等。
(3)下編爲各國文學家評傳，以國家分，次序略依年代。
(4)於較有價值之論文題目下，作簡略之內容介紹，庶可由內容之提示，以窺其論點之所在。
(5)各編篇首附有所收雜誌卷數號數一覽，以筆畫多少爲先後。
(6)正編篇目有附錄五種，一爲文學教學法，二爲文學書目，三爲文學書籍介紹，四爲文學家介紹，五爲文壇消息，續編增錄文學書籍的序跋及藝術二項，而無文學教學法。
7.使用價值：
有此索引，則自清末至民國二十四年間凡三十餘年內，有關文學之論文，均可檢得其載於何種雜誌及卷期，爲文學研究重要之工具書。

(三)清代文集篇目分類索引

1.出版年月：民國二十四年（公元一九三五）十一月出版。

2.編印者：國立北平圖書館編印，由王有三主持編務。今有民國五十四年國風出版社影印本。

3.內容：

(1)是書係將清代別集、總集所載之論文，每篇依其性質分類，編成索引。

(2)所收別集，有四二八種，總集十二種，間亦附收近人如章太炎等文集數種。

4.體例：

(1)是書不論文體，唯依著作性質分類，共分三部，一為學術文之部，二為傳記文之部，三為雜文之部。（參閱附錄三，書影十一）

(2)學術文又分經史子集四部，其編次全依四庫總目。

(3)傳記文凡傳狀、碑誌之排列法分為二：甲類依被傳者姓名排列，乙類依原文標題排列，贈序、壽序、哀誄、銘讚、以原文標題之姓名筆畫為序，諸姓名之排比，悉依撰文者之年代為次，釋道殿於末，其名號亦以筆畫為次。

(4)雜文分書啓、碑記、賦及雜文四類。書啓一類，其有關於經說、史考等論文者，已分別摘出，互見於學術文之部，而此復依原集目次，以撰者為綱，依年代排列。碑記一類，所包城垣衙署、宮室園亭、祠墓廟宇、義田義莊，以及動植物之名等，皆依類條分，按名稱或姓氏之第一字排比。賦及雜文，則以作者所屬文集為序。

(5)卷首附有所收文集目錄、所收文集提要、所收文集著者姓氏索引、學術文之部目錄；卷中附有傳記文目錄、傳記文部姓氏檢字表。

5.使用價值：

此爲檢查清代學者學術論文之必要參考書，所附各種目錄，頗便學者檢尋，其性質有類於雜誌之索引。

(四)中國史學論文引得

1.出版年月：民國六十年（公元一九七一）十月出版。

2.出版者：台灣版爲泰順書局出版，華世出版社亦有翻印本。

3.編者：余秉權，前香港大學教授。

4.內容：

(1)是書依香港大學馮平山圖書舘等文教機構所藏期刊及縮影膠片等資料編成，內容豐富而實用。

(2)所收資料，自清光緒二十八年（公元一九〇二）「新民叢報」在日本創刊起，至民國五十一年（公元一九六二）十月「文史」在北平刊行止，凡六十年間之中國主要史學論文。

(3)其最大特色，在於兼容並蓄，凡有關史學之論文，一概羅致，絕無門戶之見。

(4)共收期刊三五五種，所收論文性質，實不限於純粹史學，而爲國學之範圍。

5.體例：

(1)每篇論文分作譯者、論文題目、期刊名稱、出版年月、頁號起訖及附注等項錄列。

(2)論文按作譯者編排，以其姓名筆畫多少，依康熙字典字序定先後。每一作者均予編號，以便翻檢。

(3)前附所收期刊一覽表，另編輔助索引附後，一爲卷期及年月輔助索引，二爲標題檢字輔助檢字索引。

(4)附註欄用英文字母註明收藏者。（參閱附錄三，書影十二）

6.使用價值：

此書可供研究中國歷史中凡有關人文問題搜集材料之資。

(五)中國近二十年文史哲論文分類索引

1.出版年月：民國五十九年（公元一九七〇）十一月。

2.出版者：國立中央圖書館出版，正中書局印行。

3.編輯者：國立中央圖書館。

4.內容：

(1)是書輯錄中央圖書館所藏中文期刊及論文集近三百種，計期刊二百六十一種，論文集三十六種。

(2)所收資料，自民國三十七年（公元一九四八）至五十七年（公元一九六八），共二十年。

(3)共收論文二萬三千二百二十六條目。

5.體例：

(1)是書係就論文內容，分爲哲學、經學、語言文字學、文學、歷史、專史、傳記、考古學、民族學、圖書目錄學等十大類，又析爲七十八小類，每小類再視實際需要，酌分細目。

(2)正文部分就論文性質，分類排列。同一類者，依篇名之筆畫、筆順爲序。

(3)論文記載之項目有類名、編號、篇名、著譯者、刋名、卷期、出版日期、起訖頁次等八目。（參閱附錄三，書影十三）

(4)書後附有著者索引，依姓名筆畫排列，後附所著論文之編號。

(5)另附「收錄期刋一覽」，依刋名筆畫爲序。

6.使用價值：

(1)網羅宏富，體例精當，有益於學術研究。

(2)總結二十年間本國文史哲學研究之成果，不僅便利學人分類檢索參考，亦可藉以綜觀二十年間國內文史哲學研究發展之趨勢。

五、檢查書籍之工具書

(一)郡齋讀書志

1.編撰者：晁公武，字子止，宋澶州（今河北省）人，或云鉅野（今山東省）人。

2.版本：此書四卷、原刋於蜀（今四川），又蜀中別行晁氏門人姚應績所編二十卷本，有所增益。其後版本有二：

(1)衢本：宋理宗淳祐九年（公元一二四九年）信安郡守游鈞傳刻姚本於衢州（今浙江省），是爲衢本，今宋刋衢本不傳，此後據以傳刻傳抄之本尚多。

(2)袁本：同年，宜春郡守黎安朝於原志四卷之後，錄趙希弁藏書爲附志，益爲五卷，又錄衢本姚氏所增爲後志，增訂考異。

3.出版者：商務印書舘。

4.體例：

(1)此書以經史子集分部，首載總序，論所以分四部之由。

(2)每部之首，復有小序，先擧每部所分之類名，繼而或論各類之學術源流，或評各時代之學術得失。

(3)每部小序之後，卽另行冠以類別，繼則著錄書名，其著錄方式，先著書名，後著卷數，若一書中含兩種以上之內容，或有其他附錄，則一併詳爲著錄。

(4)每書各撰敍錄，以著錄作者之時代及姓名，或介紹作者之生平及其學術，或解說書名之含義，或介紹一書之內容，或敍述一書之總目，或備載篇目，或敍說學術之源流，或評論一書之價值。

(5)經部分易、書、詩經等凡十類，史部分正史、編年、實錄等凡十三類，子部分儒家、道家、法家等凡十八類，集部分楚辭、別集、總集三類。

(6)衢本收書一四六一部，袁本收書一四六八部。

5.價值：

(1)可以補宋史藝文志之不足。

(2)書名標題詳確。

(3)爲後世藏書家、目錄學家所依。

(4)欲知宋以前書籍之內容，可查是書。

6.優點與缺點：此書優點在於：

(1)體製完備 (2)功用宏著 (3)考證詳實。

此書缺點在於：

(1)考證偶有疏誤 (2)部居未盡恰當。

(二)直齋書錄解題

1.編撰者：陳振孫，字伯玉、號直齋，宋安吉（今浙江武康縣）人。

2.成書年代：陳氏宋末理宗時人，其書蓋仿晁氏讀書志而作，故成書當在晁書之後。原書已佚，清四庫舘臣據永樂大典輯存，校定爲二十二卷，卽今所見者。

3.出版者：廣文書局。

4.體例：

(1)記載歷代典籍，各詳其卷帙多少，撰人名氏，並仿讀書志而自題其得失，故曰解題。

(2)將歷代典籍分爲五十三類，雖不標經史子集之目，而所列經之類如易、書、詩等十，史之類如正史、別史、編年等凡十六，子之類如儒家、道家、法家等二十，集之類如楚辭、總集、別集等凡七，其編目次第，仍以四部爲先後。

5.價值：

四庫提要評曰：「古書之不傳於今者，得藉是以求其崖略；其傳於今者，得藉是以辨其眞僞。核其同異，亦考證之所必資。」馬端臨文獻通考經籍考，即據此書及讀書志成編，欲探討宋以前古書之內容大要者，此書爲必要之工具書。

(三)四庫全書總目提要

1.編撰者：清永瑢等。

2.成書年代：約在清乾隆四十七年（公元一七八二）前。

3.出版者：藝文印書舘、商務印書舘。

4.特點：

此書二百卷，所收歷代圖書凡一萬零三百三十一種，每種圖書，均將其內容作一提要，凡作者之爵里年代，本書之內容得失，皆有論述。清乾隆以前之中國古書，其未佚者大部收羅在內，故此書不啻爲中國古書書名大辭典也。

5.體例：

(1)分經史子集四部，依類排列，皆予提綱列目，經部分十類，史部分十五類，子部分十四類，集部分五類。

(2)其流別繁碎者，又各析子目，使條例分明。

(3)所列各書，各以時代爲次，其歷代帝王之著作，則從隋志之例，冠於各代之首。

(4)四部之首，各冠以總序，撮述其源流正變，以挈綱領。

(5)四十四類之首，亦多冠以小序。

(6)書前有總目，然檢閱仍難。

6.檢用：

(1)今藝文印書館影印本後，附陳乃乾所編索引四卷，依著者姓名筆畫多少，排列先後，姓名下綴所著書，及總目類別篇次，可藉此考見其人有著作若干種。

(2)商務印書館排印本後，附人名書名索引，依四角號碼排列，頗便檢查。然所編索引，間有錯誤，不如燕大引得之精審。

7.附記：

(1)藝文本後附阮元編「四庫未收書目提要」五卷，有四庫未收古書一七五種，亦各有提要。又附余嘉錫撰「四庫提要辨證」。

(2)尚有「四庫簡明目錄」一種，及提要之節本，內容簡明，翻閱較便。別有邵懿辰編「四庫簡明目錄標注」，著錄版本，甚具參考價值。

(3)商務印書館尚有「續修四庫全書提要」，原係日本東方文化事業委員會編印，共撰提要二八五三〇種，著錄清人著作、方志及古典小說、戲曲甚多。

8.使用方法舉例：

錢基博「近代提要鉤玄之作者」一文曰：「有纂言欲鉤玄，而摘此字句，無當宏旨者，如魏徵之群書治要、馬總之意林是也。」

欲知馬氏意林爲何書？可檢此提要：

先查索引十畫中有：「馬總　意林　雜家七」

再查總目子部三十三，雜家類七，在提要之一百二十三卷。

檢第四册，在二四五八頁著錄「意林五卷，唐馬總編」。記其書之性質曰：「初，梁仲容取周秦以來諸家雜記凡一百七家，摘其要語爲三十卷，名曰子鈔。總以其繁略失中，復增損以成此書」。據此知意林一書爲諸子要語雜鈔之書。

(四)四庫書目續編（原名販書偶記）

1. 編撰者：孫耀卿，字殿起，冀縣（今河北新河縣）人，嘗在北平設通學齋書店，經營古籍販賣事業數十年。
2. 出版年代：原爲民國二十五年（公元一九三六）在北平出版，今有民國四十九年重印本。
3. 出版者：今世界書局有重印本。
4. 特點：

此書大體可謂爲清代以來之著述總目，其作用相當於「四庫全書目錄」之續編。孫氏販書時，將所目睹手經之古書，逐一詳錄其書名、卷數、作者姓名、籍貫、刻版年代等項。若卷數或版刻有異同，作者姓氏須考訂，書籍內容有待說明，則偶有備註。

5. 體例及內容：

(1)依四庫分類編次，凡二十卷。

(2)凡見于「四庫全書總目」者概不錄，錄者必卷數、版本有不同，故此書卽爲補充「四庫」著錄之版本目錄學專著。

(3)本書著錄，絕大部分爲清代著述，兼及民國後、抗戰前（約止於民國二十四年）有關古代文化之著作。其間亦著錄少數明人著作，則大多數爲「四庫」所失收者。

(4)非單刻本不錄，間有在叢書中者，必係初刊之單行本或抽印本，故不具有「叢書子目索引」之作用。

(五)書目答問

1. 編撰年代：清光緒元年（公元一八七五）九月。
2. 編撰者：張之洞，字香濤，南皮（今河北滄縣西南）人，歷任兩廣、湖廣、兩江總督，提督四川學政，翰林院編修，體仁閣大學士等職。
3. 出版者：今有商務印書舘及新興書局影印本。
4. 內容：

(1)本書共分五卷，卷一經部，卷二史部，卷三子部，卷四集部，卷五叢書。

(2)經部包括正經正注、列朝經注經說經本考證及小學三類。

(3)史部包括正史、編年、紀事本末、古史、別史、雜史、載記、傳記、詔令奏議、地理、政書、譜錄、金石、史評等十四類。

(4)子書包括周秦諸子、儒家、兵家、法家、農家、醫家、天文算法、術數、藝術、雜家、小說、釋道、類書等十三類。

(5)集部包括楚辭、別集、總集、詩文評等四類。

(6)因叢書中含經史子集，難隸四部，故別爲一卷，包括古今人著述合刻叢書及清代一人著述合刻叢書二類。前者如漢魏叢書、皇清經解等屬之；後者如亭林遺書、船山遺書等屬之。

(7)附錄兩種：一曰別錄，包括群書讀本、考訂初學、詞章初學、童蒙幼學各書。二曰國朝著述諸家姓名略，列舉清代學者之姓名籍貫。

5.體例：

(1)本書乃隨手紀錄，欲使初學便於翻檢之用，非如藏書家之編次目錄，故不盡用前人書目體例。

(2)每書詳錄其書名、卷數、作者、版本等，間亦注明其刻者、校者、注者、箋者等。

(3)凡見於叢書者，其版本著錄，悉用簡名，如學海堂本卽皇清經解，津逮本卽津逮秘書。

(4)漢書藝文志有互見例，本書於兩類相關者，亦以互見注其下。

(5)作者如爲前代人，皆於人名上著朝代名，凡不著朝代者皆清朝人。

(6)凡書成當時生存者之著述，亦有錄者，用經世文編例，錄其書而闕其名。

(7)光緒以來，古書影印善本甚多，爲張氏所未及見者，范希曾補正，著於當條之下。

6.特點及價值：

(1)本書爲張氏督學四川時，應答諸生之問而編。著者云：「諸生好學者，來問應讀何書？書以何本爲善？偏舉旣嫌掛漏，志趣學業，亦各不同，因錄此以告初學。」

(2)此爲近代詳備而切於實用之國學書目，曾支配中國學術界數十年，過去圖書館選購書籍，多以此爲準；所舉二千餘部書，多爲學者應讀或應略爲涉獵之書。

(六)四庫大辭典

1.編成年代：民國十七年至二十年（公元一九二八至一九三一，作者十六歲至十九歲）編成。

2.編者：楊家駱先生

3.出版者：中國學典出版社，今由鼎文書局印行。

4.出版年月：民國二十年十月十日在南京初版，二十年至三十五年間先後重印五次。

5.體例：

(1)以四庫總目著錄存目之書及其著者爲範圍，書名、人名各立一條。

(2)按王雲五四角號碼檢字法排列，每條條目上第一排號碼，爲第一字之四角號碼，第二排橫線前一碼，爲第一字之附角號碼（附角即第五角，四角同碼字較多時，以右下角上方最貼近而露鋒芒之一筆爲附角，如該筆已用，則附角號碼爲0），橫線後二碼爲第二字上二角之號碼，例如：

0080 0-10 六一詩話一卷

(3)卷首有筆畫索引及拼音索引。

(4)書名、人名，每條各分三項，每項以〇隔之。書名條下第一項爲提要，第二項爲版本，第三項爲總目原書中之類次。例如：

0080 0-10 六一詩話一卷

宋歐陽修撰，是書以論文爲主，而兼記本事，諸家詩話之體例，亦創於是編。〇百川本、津逮本、歐集本，歷代詩話本。〇詩文評一。

(5)人名條下第一項爲書名，第二項爲傳記，第三項爲詳細傳記參考書。例如：

3418 1-90 洪炎

西渡集○宋南昌人。字玉父，元祐進士，官至著作郎、秘書少監，詩酷似黃庭堅○尚友錄。

(6)全書分0至九部，附錄二種，一爲四庫全書概述，一爲助檢表，此表係將辭典內各書之繁名、簡名、通名、別名等，各人之別字、別號等，各立一條，依四角號碼檢字法排列，以助檢查之方便。

6.價值：全書約二百萬言，檢查四庫全書所收書籍及作者，極爲方便而實用。

(七)叢書大辭典

1.編成年代：民國十四年至二十五年(公元一九二五至一九三六)編成，歷時十一年。

2.出版年月：民國二十五年一月，南京辭典舘初版，後由中國學典舘復舘籌備處發行，今由鼎文書局出版。

3.編者：楊家駱先生

4.體例：

(1)此書乃就四庫全書外其他叢書編成，共收叢書約六千種，凡叢書總名、編刋者姓名、各叢書內所包子目、子目撰者姓名，均各立一條，依四角號碼排列，另附筆畫、部首索引，實集叢書書目及子目索引之大成。(參閱附錄三，書影十四)

(2)書前有序例，詳述叢書歷史、叢書目錄史及叢書大辭典編刋經過及凡例。

(3)附叢書總目類編，收叢書二千七百九十七種，分彙編、類編二部分。彙編又分雜纂、輯佚、郡邑、氏族、獨撰五類；類編則分經史子集四部。

(4)凡叢書名稱、編刋者、編刋年代、版本、全部子目、卷數及作者，均一一詳列，極便查考，且皆實有其書。

5.使用方法：

(1)如檢前引六一詩話，第一字爲「六」，查索引四畫八部，得資料如下：

六　00800　0-45

單字後所列數碼，爲該字之四角號碼，第五碼爲附角號碼，次爲在本書中之編別及頁次。

(2)再檢0編四十五頁，得如下資料：

□　〇〇八〇〇　六

（六一詩話）　宋詩話十種、宋詩話八種、叢書集成、津一秘書、歷代詩話、螢雪軒。（一字當爲逮字之誤）

(3)如進一步查叢書內容，可查「索引字頭筆畫檢字」。若查「津逮秘書」，「津」字九畫，得如下資料：

津　35107

再依津字四角號碼查「叢書書名索引」，得如下資料：

津逮秘書　54，44

前者爲頁碼，後者爲書碼。（每一叢書依次編號）

續查五十四頁得如下資料：

津逮秘書

（明）毛晉輯

明崇禎中虞山毛氏汲古閣刊本

民國十一年上海博古齋據明汲古閣本景印

於是「津逮秘書」之編者及版本均得知矣，後列全部子目之書名、卷數與作者，於第五集中，列有「六一詩話」。

6. 價值：

此書爲檢查叢書內容甚完備之大辭典，所收二七九七種叢書之全部子目，已另編「叢書子目類編」。

(八) 叢書子目類編

1. 體例：

(1) 本書爲「叢書總目類編」所收叢書全部子目之分類目錄。用四部分類，部下又分類、屬，以表圖書之性質，各屬中依時代先後排列。

(2) 每書著錄其名稱、著者及所屬叢書名稱三項，以便讀者從這三方面檢尋所需資料，如詩經類傳說之屬，宋代傳說中有：(參閱附錄三，書影十五)

詩疑　　二卷

(宋)王柏撰

通志堂經解(康熙本、同治本)・詩

藝海珠塵本革集(庚集)

金華叢書(同治光緒本，民國補刊本)・經部

叢書集成初編・文學類

(3) 附有四角號碼檢字法、索引字頭筆畫檢字、子目書名索引、子目著者索引。索引依四角號碼排列。

(4) 如檢查叢書中某一子目書名，除可由分類目錄檢得外，可就書名或著者字頭之四角號碼，在書名索引或著者索引中檢得，如不諳四角號碼，則可查字頭筆畫檢字，再循前述二索引即得。

如查王柏「詩疑」一書，就著者字頭查「王」字四角號碼及附角號碼爲 10104　次字「柏」字上

二角號碼爲46，查子目著者索引，卽知此書在53頁右欄。

2.使用價值：

所收子目共七萬餘條，可查某書在某叢書內、卷數及作者，以爲寫作論文檢尋參考資料之依據。

六、檢查聲韻之工具書

韻書之目的，一爲審音辨韻，二爲撰作詩文，有時亦可作字書之用。

我國韻書，淵源於魏晉，發達於齊梁。至隋陸法言作切韻，乃集大成，唐孫愐復據陸書，加以刋益，因有唐韻之作。今陸、孫之書不傳，僅有殘本，完書存於今者，以廣韻爲最早。

(一)廣　韻

1.編成年代：北宋眞宗景德四年（公元一〇〇七年）

2.編注者：宋、陳彭年等編撰，長孫訥言箋注。

3.出版者：今藝文印書舘有影印本，編有索引。

4.體例：

(1)本書係採取說文、字林、玉篇所有之字編成，凡二萬六千一百九十四言，注一十九萬一千六百九十二字。

(2)分二百零六韻，平聲分上下，加上去入三聲，依韻共分五卷。

上平聲　自東、冬至刪、山共二十八韻。

下平聲　自先、仙至嚴、凡共二十九韻。

上聲　自董、腫至檻、范共五十五韻。

去聲　自送、宋至鑑、梵共六十韻。

入聲　自屋、沃至業、乏共三十四韻。

(3)以入聲配陽聲韻，陰聲韻不配入聲。如：

東　董　送　屋　冬　腫　宋　沃　江　講　絳　覺

平　上　去　入　平　上　去　入　平　上　去　入

支　紙　寘　　　脂　旨　至　　　之　止　志（無與此韻相應之入聲）

(4)集韻同之字爲一部韻，再依聲同者（卽同音字）依次類列，各有注解，又於首字列其反切，及同音之字數。如：

東「東方也。說文曰，動也，從日在木中。……德紅切，十七。」

下列菄、鶇等十六字，皆與東同音。

(5)凡一字數音者，注中於正音反切之後，列又音反切。如：

中「平也，成也。……陟弓切，又陟仲切，四。」下列衷、忠、𦬕，皆與中同音。

此在平聲東韻。又於去聲送韻中，列舉：

中「當也，陟仲切，又陟弓切，二。」下列衷字，與中同音。

(6)凡不同音諸字以〇隔之。

(7)韻首之數字，示該韻之韻次，如：

平聲一東，卽表示東韻爲平聲第一韻。

二冬，則表示冬韻爲平聲第二韻。

5.特點及價值：

此書爲我國過去最重要之韻書，吾人欲知魏、晉、唐、宋間語音，此爲主要之資料。且可由中古音以求上古聲韻，或下推今音，可謂古今字音之橋梁。故廣韻一書於聲韻學之價值，猶說文之於文字學，并特爲研究聲韻學之要籍，且可作字書之用，潘耒序謂其「聲音文字，包舉靡遺，可以該六書之學。」

(二)詩韻集成

1. 編輯年代：不詳，當係清代。
2. 編者：江都人余照，字春亭。
3. 出版者：香港一德書局印行，坊間多有翻印本。
4. 體例：

(1)凡分一〇六韻

上平聲　自東、冬至刪凡十五韻
下平聲　自先、蕭至咸凡十五韻
上聲　自董、腫至豏凡二十九韻
去聲　自送、宋至陷凡三十韻
入聲　自屋、沃至洽凡十七韻

(2)凡相通轉之韻，即在韻目下注明。如：

一東　古通冬，轉江　二冬，古通東

(3)同韻之字類聚，於每字之下，以小字列舉複詞，以|代本字，如：

江　澄|長|大|春|……白鷗|……

間有注釋，如：

多　玉衡指孟一，北斗七星第五星曰玉衡

(4)經史子集中之出典，詳加注釋，隨韻字附入。如：

桐字嶧陽孤桐下注云：「尚書言嶧山之南特立之桐，可以爲琴瑟。」

(5)多引蘇軾詩句，盡詳出處，隨韻附入，間引他家詩，各句以○隔之。如：

中　○蘇軾報本禪院詩○萬里家山一夢一○又八月十五日看潮詩○越山渾在浪花一○

(6)上欄附詞林典腋，分天文、時令、以至昆蟲，共三十門，各將習用詞語，以對偶方式列出，以供作詩之參考。如時令門中，送春：

綠慘　落花　空啼樹　流鶯有恨

紅愁　飛絮　惜落花　野水無言

(7)末附外編，列擧各種對句之範例。如：

擡頭對　顏色對　數目對　卦名對　干支對　人物對　虛字對

惠雨　姹紫　二宋　兌雨　知己　訪戴　允矣

恩波　嫣紅　三蘇　巽風　識丁　詠陶　宜哉

5.特點及價值：

此書爲初學作詩者專用之韻書，並可查考典故出處，對偶例句，足以引發靈思。別有清人湯文路所編詩韻合璧，輯有詩腋、賦彙錄要、詞林典腋、詩韻集成等十種。

(三)詞林韻藻

1.編輯及出版年月：民國六十五年（公元一九七六）七月，至次年九月，歷時一年兩個月編成。六十七年（一九七八）四月出版。

2.編者：王熙元、陳滿銘、陳弘治及學生八人。

3. 出版者：臺灣學生書局。

4. 體例：

(1) 依淸戈載詞林正韻之分韻次第，共分十九部，自第一部至第十四部爲平、上、去三聲相配，第十五部至第十九部爲單獨之入聲韻。

(2) 目錄所列每韻韻目，皆有號碼代表韻次。如：第一部平聲 一東 二冬 三鍾

上聲 一董 二腫

去聲 一送 二宋 三用

(3) 入聲仍與平聲相應，雖自獨立，可於韻次號碼知之。如：

第十五部入聲 一屋 二沃 三燭

可知屋韻爲東韻之入聲，沃韻爲冬韻之入聲，燭韻爲鍾韻之入聲。

(4) 每部包括若干韻，彼此皆可通用，並注明之。如：

平聲 一東 二冬 三鍾通用

上去聲 一董 二腫 一送 二宋 三用通用（卽上去聲可通押）

(5) 每部各韻中韻字，依常用字、次常用字、罕用字次序排列。常用字各有例詞，並附例句；次常用字僅有例詞，而無例句；罕用字則僅列韻字而已。

(6) 各韻中之常用字，次常用字及罕用字，其前後排列之次序，各字所附之反切，悉依戈氏詞林正韻。音同之字，則反切注於第一字之下，餘均省略不注。

(7) 各韻中之常用字，字下列擧以該字爲韻脚之例詞，先依字數少多，再依首字筆畫少多爲序。例詞下列例句，均詳擧其作者及詞牌名。

(8) 各韻中之次常用字，字下所列例詞，亦依字數及首字筆畫少多爲序。

(9)罕用字僅列為參考。末立「對偶」一欄，凡三字對以至七字對，其在該韻韻腳者，悉附於此，以借作詞者屬對之參考。

5.用途：此為塡詞專用之韻書，除可查得韻字屬於某部、某韻外，所附佳詞美句，可供習作時引發靈思，選詞鑄句之參考，兼可作檢尋詞句出處之工具書使用。

(四)曲海韻珠

1.編輯及出版年月：民國六十七年（公元一九七八）七月至次年九月，歷時一年零兩個月編成。民國六十八年（一九七九）十月出版。

2.編者：王熙元、黃麗貞、賴橋本及學生八人。

3.出版者：臺灣學生書局。

4.體例：

(1)依元周德清中原音韻之分韻次第，共分十九部，以二字為韻目，次序大體依前代韻書，如：一東鍾　二江陽　三支思　四齊微　以至十九廉纖。

(2)平聲分陰平、陽平二類，將入聲併在陰陽上去四聲之中。

(3)各韻韻字，依常用字、罕用字次序排列。常用字各有例詞，並附例句，例句各詳其作者、宮調、曲牌及題目。罕用字則僅列韻字，附各韻之後。

(4)各韻中之常用字，其音同之字，於第一字右上側標以◎符號，以資識別，餘同音字不標注。罕用字則不同音之字以〇隔開。

(5)各韻中之常用字，字下列舉以該字為韻腳之例詞，先依字數少多，再依首字筆畫少多為序。例詞下各列例句。

(6)各韻中之罕用字，列於常用字之後，以供參考。

(7)罕用字後，另立「對偶」一欄，凡三字對以至長偶對、扇面對等，其在該韻韻腳者，依原字序，悉列於此，以供作曲者屬對之參考。

5.用途：此書爲北曲作曲專用之書，除可檢得韻字在何部、何韻外，亦可供習作者觸發靈感，遣詞造句時之參考，兼可作檢尋散曲句子出處之工具書。

(五)中華新韻

1.年代：民國三十年（公元一九四一）由政府明令公布。

2.編者：教育部國語推行委員會編訂。

3.出版者：國語日報社。

4.體例：

(1)分韻依民國二十一年教育部公布之國音常用字彙爲準，屬北平音系，即所謂「官音」。

(2)所用音系與元周德淸中原音韻同，編排方式亦同，唯次序不同。繼明洪武正韻之後，再加分併。

(3)共分十八部，即：

一麻、二波、三歌、四皆、五支、六兒、七齊、八微、九開、十模、十一魚、十二侯、十三豪、十四寒、十五痕、十六唐、十七庚、十八東。

(4)韻部次序依國音韻母ㄚ、ㄛ、ㄜ、ㄝ、ㄦ、ㄧ、ㄟ、ㄞ、ㄨ、ㄩ、ㄡ、ㄠ、ㄢ、ㄣ、ㄤ、ㄥ排列。

(5)入聲併於平上去，與中原音韻同。

(6)韻中收字來源不同者，分類排列，注以甲乙丙。甲乙或以非屬入聲，或以示音値不同，丙則專以示原屬入聲字類。

(7)每韻編制規則如下：

①每韻韻目下注明注音符號，韻符代表本韻韻値。如：一麻（ㄚ）　二波（ㄛ）

②每韻韻目下注明韻類通別情形。通、表此韻字可與某韻通押，別、表字類有分別。如：

波　通歌甲（意謂與歌韻甲類字通押）

歌　甲乙舊別（意謂歌韻甲類字與乙類字原有分別）

③韻字排列，先分陰平、陽平、上、去、入五類聲調；次分開口、齊齒、合口、撮口類韻呼；甲乙丙字類在分韻呼後分，最後分聲類。如：

陰平 [Y] [一Y] [ㄨY]

[Y] [甲] 啊　巴芭笆疤豝吧叭扒(ㄆ)葩(ㄇ)媽

[丙]字見後

[一Y] [甲] 呀鴉椏Y(ㄐ)加枷　(ㄒ)蝦

[一Y] [丙]字見後

[ㄨY] [甲] 哇蛙洼窪凹　(ㄍ)瓜　(ㄎ)夸

[丙]字見後

陽平、上聲、去聲、編排法與此同。

④陰陽上去四聲中丙類字排列一處，然先依標準讀音在某聲調中註明[丙]字見後，另在去聲之後列出。如：

入聲 [Y] [一Y] [ㄨY]

丙入陰平 [Y] (ㄅ)八捌(ㄈ)伐發(ㄉ)搭(ㄊ)塌

[一Y] 押鴨壓(ㄑ)掐(ㄒ)瞎

[ㄨY] 挖(ㄍ)刮(ㄕ)刷

⑤韻字以不加注解爲原則，必要時始加簡注，如

屬字形者：﨟韻上聲：「那　同哪」
屬字義者：﨟韻陰平：「仨　三個也」
屬字音者：﨟韻陰平：「杉　語音」，寒韻陰平乙類：「杉　讀音」

5. 用途：

(1) 可用爲寫作新舊各體韻文之押韻標準，有「押韻例」可以遵用。

(2) 附有韻略表，欲知某韻各字類、韻呼、聲調有無者，檢閱便知。

七、檢查年代之工具書

(一) 歷代帝王年表

1. 原刻年代：清乾隆三十年（公元一七六五）。

2. 編者：齊召南，字次鳳（鳳，或作風），浙江天台人。

3. 版本：今有世界四部刊要本、商務萬有文庫本、中華四部備要本等。

4. 體例：

(1) 共十四卷，始于三皇，迄於明太祖洪武年間。

(2) 三代以上，但列世次，秦帝以下，則以年紀之。縱橫排列，別以統閏，其地與事，則附而繫之，清晰可曉。

(3) 歷代帝王紀年之上，標注甲子，眉列西元紀年，可互相參酌。

(4) 年表依朝代及各朝帝王之先後排列，自三王五帝三代表，迄元年表，共十三表。

(5) 洪武以後，清阮福爲之增補明年表，亦十四卷。清陸費墀又爲之增益「帝王廟諡年諱譜」，附於書末，自漢迄明，分廟諡、名、世次、歷年、紀元、葬、所諱字諸項。

(6) 別附「歷代紀元編」三卷，清李兆洛命門人六承如編，上卷載漢建元以下、至明歷代帝王年號，以時代爲次，並附歷代僭竊年號、外國年號等。中卷爲歷代紀元甲子表，附推定漢以前歷代甲子。下卷爲紀元韻編、歷代帝王年號，以韻爲次。

(二)二十史朔閏表

1.編成年月：民國十四年（公元一九二五）十一月。

2.編者：陳桓，廣東新會人。

3.出版者：藝文印書舘有影印本。

4.體例：

(1)自漢迄清，凡二十史，各依本曆著其朔閏（朔日閏月，代表歷數），三國、南北朝朔閏異同，另標出之。

(2)自漢平帝元始元年起，加入西曆，以中曆之月朔爲本，配合以求西曆之月日。

(3)卷首列年號通檢，將本表所載歷代年號，依筆畫多少列之，下注西曆紀年。

(4)卷末附三國六朝朔閏異同表及日曜表。日曜表共有七表，何年起應用何表，則以數字識於眉端。

(5)董作賓爲之增補，迄民國八十九年庚辰止。

5.使用價值及方法：

自漢高祖元年起，至民國八十九年止，凡所知中曆年月日，皆可推算西曆年月日，反之亦然，運用甚便，亦可查出星期。檢查方法如：

舊唐書太宗本紀：「貞觀元年春正月乙酉改元，辛丑，燕郡王李藝據涇州反，尋爲左右所殺，傳首京師，庚午，以僕射竇軌爲益州大都督。」

欲知唐太宗貞觀元年春正月乙酉日，相當西曆何年何月何日？可依下列步驟檢查：

(1)先查卷首年號通檢，九畫下有「貞觀」的年號，下註627，即西曆六二七年。
(2)再查朔閏表，貞觀元年正月乙酉朔，旁記一二三，即西曆一月二十三日。
(3)復依干支往下推，則辛丑是中曆正月十七日，相當西曆二月八日，庚午是中曆二月十七日，相當西曆三月九日。

(三)兩千年中西曆對照表

1.出版年月：民國二十九年(公元一九四〇)。
2.出版者：上海商務印書舘，今有學海、育民、華世等三家出版社翻印本。
3.編者：薛仲三、歐陽頤合編。
4.內容及體例：
(1)始自漢平帝元始元年(公元元年)，至公元二〇〇〇年爲止。
(2)每表分陽曆年序、陰曆月序、陰曆日序、星期、干支等五欄。年序欄中列有國號、帝號、年數、年號、干支及陽曆年數。陰曆日序下又分陰曆日數及陽曆日數。
(3)書後有附表十六種。
5.使用價值：可利用此表，互查陰、陽曆年月日及干支、星期、年號等，方便實用，附表亦多有參考價值。

八、檢查人名之工具書

(一)歷代名人年里碑傳總表

1.出版年月：民國二十六年（公元一九三七）初版，四十八年（一九五九）校訂重印，今有民國五十四年（一九六五）商務台一版。

2.出版者：原由中華書局出版，今由商務印書館印行。

3.編者：姜亮夫。

4.體例：

(1)此書上承錢大昕疑年錄、吳修續錄、錢椒補錄、陸心源三續、張鳴珂四續、閔葆之五續、張惟驤彙編等，再參用自撰六續疑年錄、吳榮光中國歷代年譜目錄、梁廷燦歷代名人生卒年表等，將歷代名人之字號、籍貫、年歲及生卒年代，列爲總表，以時代先後爲序。並附帝王表、高僧表，凡一萬二千餘人。

(2)上自周代（公元前五五一年）孔子誕生起，下至民國五十三年十二月女國代邵梅隱逝世止。

(3)原編以卒年截至民國二十五年上半年止，後在台增補至五十三年底止。

(4)表中列明被傳者之姓名、字號、籍貫、年歲、生卒、專傳、年譜或表碑等。其中生卒年包括當時帝號、年號、干支、西元等，專傳則標明見何書何卷。

(5)排列以被傳者生年先後爲次，生卒不詳者，則以卒年比序。

(6)末附名人姓氏四角號碼索引及筆畫索引，檢查頗爲簡便。

(二)二十五史人名索引

1.出版者：原編於民國二十四年（公元一九三五）十二月初版，台灣版爲五十年（一九六一）二月初版。

2.編者：二十五史編纂執行委員會。

3.出版者：開明書店。

4. 體例：

(1)此索引專備檢查開明版二十五史中人名，但舊本十七史、二十四史、二十五史亦可應用。

(2)凡正史本紀、世家、列傳、及載記中之人物，皆在其中。

(3)因二十五史為我國正史總集，人名浩如煙海，清汪輝祖有「史姓韻編」，然只限二十四史，且不載帝王、后妃及外國諸傳人名，其排列方式又一以時代為序，隔世同名者即無由彙列，校其同異，而編次悉依舊有韻目，今感檢查不便，故有本書之編。

(4)此書人名編排，依首字四角號碼，再依朝代先後為次，另有筆畫索引，可查出各人名首字之四角號碼及頁數。

(5)各史名稱以簡稱或拼字代表，如：

史　史記、漢　後漢書、糖　新唐書

如欲查「吳亮」一名見何史何卷，可依「吳」姓之四角號碼2643，在索引中檢得下列資料：

吳亮　「明」　166　7475.2

即知人名吳亮，見明史一六六卷，在開明版二十五史七四七五頁第二欄。

(三)中國人名大辭典

1. 編成年月：經始于民國四年（公元一九一五），歷六年編成。
2. 出版年代：民國十年（公元一九二一）六月初版，四十七年（一九五八）二月台一版。
3. 編者：陸爾奎、臧勵龢等二十餘人。
4. 出版者：商務印書館。
5. 體例：

(1)所錄人名四萬餘人，起自上古，斷於挽近，蒐采殆遍，近由許師愼增補至民國六十五年底。

(2)人名排列，依姓氏筆劃多少爲次，其筆劃同者，則以部相從。欲知古人簡略之生平，可查此書。

(3)書後有附錄二，一爲姓氏考略，於各族姓氏來源，有簡要說明；二爲異名表，以本書所收諸人字號，依筆劃多少排列。

6.說明：

(1)我國人名專書，始於明凌迪知「萬姓統譜」及廖用賢「尚友錄」，然錯誤不少，又只收賢良忠義之士，民國以來，此書較備。

(2)別有民國陳乃乾編「室名索引」（開明、世界）、「別號索引」（開明、文海），陳德芸編「古今人物別名索引」（藝文）、彭作楨編「古今同姓名大辭典」（學生）等，皆可檢用。

九、檢查地名之工具書

(一)中國古今地名大辭典

1.出版年月：民國二十年（公元一九三一）上海初版。

2.出版者：商務印書館。

3.編者：臧勵龢、謝壽昌等八人編輯，歷時十年。

4.內容及體例：

(1)所錄地名，約四萬餘條，上起遠古，下迄現代，於古地名皆詳其沿革，今地名則著其形要。

(2)自漢書以下，各代地理志中所載州郡縣邑，皆詳其建置，各史無地理志者，則採後人補志，分別纂錄。

(3)地名無論大小，凡古史地志所見州國郡縣，鄉鎮村落，名城要塞，山川道路，皆爲收錄之範圍。

(4)凡古書解釋有訛誤者，皆爲訂正。

(5)書內地名，悉依首字筆劃多少排列，首列檢字表，篇末附四角號碼索引，甚便檢查。

(6)書後列附錄五種，即全國行政區域表、全國鐵路表、全國商埠表、各縣異名表，勘誤表等。

(7)民國四十九年六月，台灣商務印書館重印時，陳正祥氏又搜羅台省地名，編爲續編。

(二)讀史方輿紀要

1.編成年代：清世祖順治十六年（公元一六五九），至聖祖康熙十七年（公元一六七八）編成，歷時十九年。

2.編撰者：顧祖禹，字景范，江蘇無錫人，自二十九歲至四十八歲撰成是書。

3.出版者：今樂天書局有標點校勘排印本。

4.內容及體例：

(1)全書編成後，仍有增益，前後近二十年，成書一三五卷，正編一三〇卷，附錄輿圖要覽四卷，序例一卷。

(2)正編一三〇卷中，首九卷州域形勢係總論，餘一百十四卷，係分省紀要，最後七卷，六卷專言河渠水利，一卷言天文分野。

(3)本書取材，遠竟禹貢職方之紀，近採歷代史志之文，旁及稗官野乘之說，實爲我國第一部最具系統、最爲詳實之沿革地理、國防地理名著。

(4)此書乃地理學專著，而非辭典，故除目錄之外，未有索引，其書頗重沿革之敍述，故於地名沿革不明，則查斯書即可得其詳。

(5)附記：日人青山定雄氏依此書編成「中國歷代地名要覽」，檢查亦甚方便，樂天書局出版。

十、檢查典章制度之工具書

(一)十通

1.出版年月：民國二十四年（公元一九三五）初版。

2.出版者：上海商務印書舘，今有鼎文書局印行本。

3.編撰者：唐杜佑等。

4.內容及體例：

(1)通典二〇〇卷，唐杜佑撰，起自上古黃帝時，止於唐玄宗天寶末，分食貨、選舉、職官、禮樂、兵、刑、州郡、邊防等八類，每類再分若干細目。

清乾隆三十二年敕撰續通典一五〇卷，自唐肅宗至德元年（公元七五六），至明思宗崇禎末年（一六四四）；又敕撰清朝通典一〇〇卷，自清初至乾隆，所分門類，皆與通典同。

(2)通志二〇〇卷，宋鄭樵撰。仿史記體裁，將上古至隋唐史料，分紀、譜、傳、略四門，前三門為史傳性質，略則分二十種，通稱二十略，即氏族、六書、七音、天文、地理、郡邑、禮、謚法、器服、樂、職官、選舉、刑法、食貨、藝文、校讎、圖譜、金石、災祥、昆蟲草木。此為全書精華所在。

清乾隆三十二年敕撰續通志六四〇卷，自唐初以迄明季，門類中無世家與年譜，餘與通志同。又敕撰清朝通志一二六卷，自清初迄乾隆，删去紀傳、年譜，只存二十略。

(3)文獻通考一二四八卷，元馬端臨撰。自上古以迄宋光宗，據杜氏通典，增廣其門類為二十四考，即田賦、錢幣、戶口、職役、征榷、市糴、土貢、國用、選擧、學校、職官、郊社、宗廟、五禮、樂、兵、刑、經籍、帝系、封建、象緯、物異、輿地、四裔。

清乾隆十二年敕撰續文獻通考二五〇卷，自宋寧宗起，至明崇禎止，門類中多群祀、群廟二考。又敕撰清朝文獻通考三〇〇卷，自清初至乾隆，門類與續通考同。後劉錦藻續編清朝續文獻通考三二〇卷，自乾隆五十年（公元一七八五）至清末，其門類則比馬氏通考多出外交、郵傳、實業、憲政四考。

5.使用價值：以上通典、通志、通考，世稱三通，加上清代所續各書，總稱十通。卷首有目錄，可依門類查考，另有索引三種，即四角號碼索引、單字筆畫索引、分類索引，極便檢查。今鼎文書局之「十通分類總纂」，編年紀事，去其重複，使用尤便。欲查考歷代典章制度，此十通中已包羅無遺。

(二)歷代會要

凡將一時代政治、經濟、社會方面之典章制度，及其因革損益，分類記述之書，謂之會要，始於唐蘇冕之「高祖至德宗九朝會要」，後楊紹復等採德宗至宣宗事成「續會要」，今所行「唐會要」，則宋王溥依據二書，增補唐末事實編成。玆擇要簡介如下：

甲、東西漢會要

1.編撰者：南宋、徐天麟。

2.出版年月及版本：

(1)清乾隆三十九年（公元一七七四）武英殿聚珍版聚珍叢書本。

(2)西漢會要有民國二十六年（公元一九三七）上海商務印書館叢書集成初編本，東漢會要則有萬有文庫本。
(3)民國四十九年（公元一九六〇）台北世界書局歷代會要本。
3.卷數：西漢會要七〇卷，東漢會要四〇卷，共一一〇卷。
4.內容及體例：
(1)仿唐會要例，輯出前後漢書所載漢時典章制度，分類編纂。
(2)共分帝系、禮、樂、輿服、學校、運曆、祥異、職官、選舉、民政、食貨、兵、刑法、方域、蕃夷凡十五類。
(3)西漢會要所記凡三百六十七事，東漢會要三百八十四事。
5.附記：
(1)兩漢以前，清姚彥渠編有春秋會要四卷，有世界歷代會要本；孫楷編有秦會要二十六卷，民國四十五年（公元一九五六）台北中華叢書編審委員會出版。
(2)兩漢以後，清楊晨編有三國會要，有世界歷代會要本。

乙、唐會要

1.編撰者：宋、王溥。
2.出版年月及版本：
(1)清乾隆三十九年（公元一七七四）武英殿聚珍版聚珍叢書本。
(2)光緒二十五年（公元一八九九）廣雅書局重編校本。
(3)民國四十九年（公元一九六〇）台北世界書局歷代會要本。
3.卷數：一〇〇卷。

4. 內容及體例：
(1) 全書未分門類及子目，共有五百一十四個題目，分列於各卷之內。
(2) 所記內容，包括帝號、皇后、儲君、諸王、封禪、郊議、藉田、明堂制度、學校、經籍、書法、宗教、官職、貢舉、醫術、租稅、奴婢、道路、鹽鐵、泉貨、倭國等。
5. 附記：
(1) 編者別有五代會要，版本與西漢會要同。
(2) 清徐松編有宋會要稿五〇〇卷，民國二十五年（公元一九三六）北平圖書館據抄本影印，五十三年（一九六四）台北世界書局有輯本。
(3) 清龍文彬編有明會要八〇卷，有世界歷代會要本。

(三) 歷代職官表

1. 編撰年代及編撰者：原本清乾隆四十五年（公元一七八〇）紀昀等奉敕撰，凡七十二卷；今本清道光二十五年（公元一八五四）黃本驥編，分為六卷。
2. 出版者：今有史學出版社排印本。
3. 內容及體例：
(1) 原本每一曹司編為一表，悉以清代官制為綱，歷代沿革分列於下，自三代以迄明朝，凡十八代（加清為十九）今本悉同。（參閱附錄三，書影十六）
(2) 原本表後詳述建置，亦以清居前，歷代列後，凡今有而古無，古有而今無，與名同而實異，實同而名異者，皆一一引據舊文，詳為考證。
(3) 道光時，黃本驥以其書藏內府，民間不能盡見，乃錄其原表六十七篇，而以清代所設員額、品級詳註於各表標題之下，以便省覽。

(4)黃編本在使用上較官修本便利，但仍有若干缺點，如：

(A)官修本錯誤，多未訂正。

(B)誤解原文，改寫錯誤。

(C)刪改失當。

(D)脫誤不少。

(5)今樂天書局有黃本驥本，又國史研究室編印、史學出版社出版者，曾據黃本校勘整理，改正不少錯誤，較爲正確實用。

(6)校正本附有瞿蛻園之「歷代官制概述」與「歷代職官簡釋」。「概述」係通論歷代官制沿革，刋於表前。「簡釋」係以黃編本爲基礎，參考官修本原說明解釋表文，附於表後。又書後附詳細綜合索引，其排檢以四角號碼順序爲主，附以部首、拼音之首字或末字通用檢字表。

4.使用價值：

(1)此書可檢查歷代官制，爲研究我國政治組織之重要工具書，凡歷代各種職官之名稱、建置、職掌之變遷、品級員額之增減，歷代之因革，皆可藉此得到瞭解。

(2)此爲檢查歷代職官之專書，在此以前，二十五史中對每代官制多設專志，撮舉大要，通典、通考等政書，更有專章考述（通典有職官門，通考有職官考）。但或斷代爲書，不便檢索，或疏略不全，難裨實用，故有此職官專書之出現。

十一、檢查典故辭藻之工具書

此下二類，及上擧十通、歷代會要等，皆屬類書、玆說明如下：

(一)類書之意義

凡採輯群書，分別部居，以類相從，便於尋檢者，謂之類書，蓋謂類事之書也。

(二)類書與百科全書

1.類書——其材料多係彙集前人著述而成，藉以查考掌故事實。
2.百科全書——爲類書之一種，其中每篇論文，每一條目，均爲有系統之著述，將每一事務，作精簡之概述，執筆者多爲該科專家，故材料新穎，語意精到，可供查考現代新知識。

(三)類書之功用

類書之用途有五：

1.備詩文之尋檢——其編製係輯錄各書關於某事或某字之優美辭藻，以備賦詩作文時採擇引用，如佩文韻府、騈字類編等皆是。
2.覈事典之出處——其編製係採集與某題目相關之記載，依次排列，以便檢查，如太平御覽、古今圖書集成等。
3.考故事之演化——後世小說戲劇中之故事，多源自古代，而隨時演化，其演化之迹，亦存於類書中，如太平廣記是。
4.輯故書之遺文——因類書多保存今已亡佚之古書，故可爲輯佚之資。
5.校傳本之譌謬——古書傳本舛譌，並可藉類書訂正。

(四)類書之排列法

類書之排列，通行者方法有二：

1 以類分者，又分二種：

(1) 兼收各類者——分天文、時令、輿地等類排列，如藝文類聚、太平御覽、古今圖書集成等皆是。

(2) 專收一類者——如唐陸龜蒙小名錄，專載古人小名；宋孫逢吉職官分紀，專紀歷代職官等。

2 以字分者，又分二種：

(1) 齊句尾之字，以韻排列，如永樂大典、佩文韻府等。

(2) 齊句首之字，依首字相同者類列，如駢字類編等。

(五)類書之歷史

中國類書之雛型，當以爾雅爲最早，然後世以爲周公之作，故列于經部。又陸璣毛詩草木鳥獸蟲魚疏，亦附于經。類書之名，始見唐書藝文志，新舊唐書別列類事一門，此後皆有類書之部，或曰類事，皆祖兩唐志。

三國志魏志載劉劭于魏文帝黃初中，受命集五經群書，以類相從，作「皇覽」，是爲類書之始（約當公元二二〇年左右）。其後，南北朝時，梁武帝勅徐勉撰「華林遍略」，北齊祖孝徵等撰「修文殿御覽」之流，相繼而作；至唐，有歐陽詢等奉敕撰「藝文類聚」；至宋，有李昉等奉敕撰「太平御覽」；皆官修類書之較古者。今皇覽、華林遍略、修文御覽，皆已亡佚，唐宋類書之今存者，有虞世南之「北堂書鈔」、歐陽詢等之「藝文類聚」，徐堅等之「初學記」，白居易、孔傳等之「白孔六帖」，李昉等之「太平御覽」，王欽若等之「册府元龜」，王應麟之「玉海」，章俊卿之「山堂考索」，祝穆之「事文類聚」等。明代最大類書當推解縉奉敕編成之「永樂大典」，惟今大部份已散佚，清聖祖時敕編之「古今圖書集成」一萬卷，內容極富，允爲中國最大之類書。玆將檢查典故辭藻之類書擇要介紹如下：

(一)藝文類聚

1. 編成年代：唐開國初年，由高祖李淵下詔編修，由武德五年（公元六二二）至七年（六二四）成書，共三年編成。
2. 編修者：歐陽詢、令狐德棻等十餘人。
3. 出版者：今木鐸編輯室所編、文光出版社出版者，附有索引，並附聖賢群輔錄等類書十種，及有關論文五種；索引爲日人中津濱涉編，分引用書索引、詩文題目索引、詩文作者索引三種。
4. 體例：
(1)此書共一百卷，以類相從，凡分四十六部，列子目七百二十七，全書約百餘萬言，所引古籍共二千四百三十一種，現存者不足百分之十，餘皆不傳，故頗具古書校勘、輯佚之價值。
(2)每部再分子目，事居於前，詩文列於後，諸類書中，體例最善。
(3)惟其中門目，間有繁簡失宜，分合未當之處，引用資料，亦有欠愼致誤之處，四庫總目各有評述。
(4)其中有蘇味道、李嶠、宋之問、沈佺期詩，皆後人所竄入，非原書所有。

(二)太平御覽

1. 編成年代：宋太宗太平興國二年（公元九七七）詔修，至八年十二月（九八三）書成，共六年。
2. 編撰者：李昉等奉敕編撰。

3. 出版者：今有新興書局影印本。

4. 體例：

(1) 原名太平類編，書成後，太宗日覽三卷，一歲而讀周，故賜是名。

(2) 凡一千卷，爲宋代最大類書之一，所引經史圖書，凡一千六百九十種，今不傳者十之七八，徵引賅博，足資考訂。

(3) 全書分五十五門，雖多轉引類書，不能一一出自原本，而蒐羅浩博，足資考證古籍佚文。

(4) 民國二十三年，錢亞新編有索引，據原書目錄，注明卷數、頁數，各條目依四角號碼排列；次年，有燕大洪業等編成引得，係將原書細目，編成篇目引得，又將御覽中所引得之書編成書名引得，凡欲檢查御覽中細目或欲輯某書者，皆一查卽得。

(三) 淵鑑類函

1. 成書年代：淸康熙四十年（公元一七〇一）編成。

2. 編撰者：張 英、王士禛等奉敕撰。

3. 出版者：今有新興書局影印本。

4. 體例：

(1) 是書共四百五十卷，又總目四卷，爲淸代一大類書。

(2) 是書編纂時，係依據明兪安期唐類函，增其所無，詳其所略。又參用北堂書鈔、藝文類聚、太平御覽等類書十七種；廣徵元明以前之文章故實，分類排列。

(3) 共分四十五部，每一部類中，大抵以釋名、總類、沿革、緣起居一，典故居二，對偶居三，摘句居四，詩文居五，詳註出處，以供詞章考據家之用。（參閱附錄三，書影十七）

5. 用法：

(1)查明典故：如姜白石疏影詞：「猶記深宮舊事，那人正睡裏，飛近蛾綠。」深宮必與帝王后妃有關，查目錄后妃部，在五十七、五十八卷。在五十八卷公主三下有「梅花妝」一詞，注云：「翰苑新書曰：宋武帝女壽陽公主，人日臥於含章簷下，梅花落公主額上，成五出之花，拂之不去，自後有梅花妝。」可知白石用典出于此。

(2)運用典故：欲爲文稱揚某教授教學有成，受業弟子於政界皆有地位，欲用典故，可查目錄「師」字，在二百五十二卷師三下可見「蘇張從學，房杜受業」之語，即宜採用。

(四)佩文韻府

1. 成書年代：清康熙四十三年（公元一七〇四）敕撰、五十年（一七一一）書成，歷時八年。
2. 編撰者：張玉書等二十餘人。
3. 出版者：今商務印書舘、新興書局皆有影印本。
4. 體例：

(1)此書共一〇六卷，所收單字約萬條，合計文句典故，不下一百四十萬條，蘊藏極富。

(2)全書分韻隸事，並依韻分卷，將元陰時夫韻府群玉及明凌稚隆五車韻綸，盡行收入，並大加增補。

(3)每一單字，先注其音，後釋其義，次列韻藻（即上述二書所收辭彙），各舉例句，並注明出處；次標增字，卽佩文韻府所收之詞彙。各詞彙以二字、三字、四字相從，而依末一字分韻，分隸於所收韻目之下。末有對語及摘句，對語爲平仄相對之辭彙，摘句乃前人用此字爲韻之佳句，各加摘錄，以供後人學詩屬對之參考。

茲舉一東韻「紅」字爲例：

紅　戶公切（說文）帛赤白色……

韻藻　題紅（太平廣記）唐于祐於御溝拾紅葉題詩其上。

春紅（李白詩）十五入漢宮，花顏笑——

殘紅（王建詩）樹頭樹底覓——

映山紅（花木考）山躑躅一名——

夾岸紅（祖孫登詩）弱柳垂江翠，新蓮——

水上紅（隋煬帝詩）鷺飛林外白，蓮開——

玉白花紅—燭影搖紅

增　啼紅—餘紅—碎紅—晚紅等

彩霞紅—晚粧紅—點水紅等

對語　虛白　水碧　宮柳碧　烟穗碧

軟紅　霞紅　苑花紅　燭花紅

摘句　楓葉醉霜紅　殘日半帆紅

斷霞千里抹殘紅　夕陽樓閣半山紅等

(4) 一般用途有六：

①求解②辨義③選詞④典據⑤考證⑥叶韻。

(5) 末附總目、檢字及索引。索引以部首為綱，筆畫為緯。

5. 用法：

(1) 魏文帝與朝歌令吳質書：「昔伯牙絕絃於鍾期，仲尼覆醢於子路。」如不明「覆醢」之意，可查卷四十、上聲十賄韻，（或查索引）

醢　呼改切，肉醬

韻藻 覆醢（禮記）孔子哭子路於中庭，有人弔者而夫子拜之。旣哭，進使者而問故，使者曰：醢之矣，遂命覆醢。

由此可明白「覆醢」一詞之意義及出處（禮記檀弓上）。

(2)蘇軾赤壁賦：「縱一葦之所如，凌萬頃之茫然。」如不明「一葦」之意，可查卷三十五上聲，五尾韻（或查索引）。

葦 于鬼切

蘆—

韻藻 一葦（詩）誰謂河廣，——杭之。（陳琳詩）雖企予而欲往，非——之可航。（蘇軾賦）縱——之所如，凌萬頃之茫然。

由此可知「一葦」出自詩經（衞風河廣），本蘆葦之意，借喻小舟。

十二、檢查事物起源之工具書

(一)事物紀原

1. 編者：宋高承編撰，明閻敬校刻，收入惜陰軒叢書。
2. 出版者：今商務印書舘有鉛印本，新興書局有影印本。
3. 內容及體例：

(1)此書凡十卷，所記事物，共一千七百六十五事（或曰一千八百四十一），分五十五部排列。

(2)此書於宇宙事物，大至天地山川，小至草木鳥獸，微如陰陽之妙，顯如禮樂制度，凡古今事物之變，無不原其始，推其所自，而詳考其實。

(3)此書體例，以卷統部，以部統事，各部之分，據義類集。每部以四字標目，如天地生植第一，正朔曆數第二之類，各部隸事，多寡不等。

(4)新興書局影印本編有目錄索引，檢查方便。

4.用法：平時閱讀古書，版本方面有所謂「巾箱本」，欲知「巾箱」二字何所取義？起於何時？可查此書。查目錄索引，於經籍藝文部，有「巾箱」一條，注二五六頁。二五六頁載：

巾箱：「南史：齊衡陽王鈞，嘗親手細書五經，部爲一卷，置巾箱中。侍讀賀玠曰：殿下家有墳索，復何細讀？別藏巾箱。鈞曰：巾箱中檢閱旣易，且更手寫，則永不忘矣。諸王聞之，爭效爲巾箱。今謂箱之細書小本者爲巾箱，始于此也。」

觀此則「巾箱」一名之緣起，可以明矣。

(二)格致鏡原

1.刋行年代：清雍正十三年（公元一七三五）刋行。

2.編者：清陳元龍，或曰婁縣范纘嘗館元龍家，此書實范代撰。

3.出版者：今有商務印書舘及新興書局影印本。

4.內容及體例：

(1)此書一百卷，分三十類，皆紀日常器具、鳥獸蟲魚等類，故曰格致，又每物必溯其原始演變，故曰鏡原。

(2)此書採摭極博，凡經史、叢書、稗官、野乘等，皆有所取；且編次具有條理，與其他類書之多縷陳舊蹟，臚列典章者，頗有不同。

5.用法：欲考知一事一物之原始流變者，可查此書。如讀資治通鑑：「朝散大夫右諫議大夫權御史中丞充理檢使上護軍賜紫金魚袋臣司馬光奉敕編集。」欲知「紫金魚袋」之起源流變，查目錄，於卷三十朝制類有「魚袋」一目：

魚袋：（唐志）魚袋卽古之算袋，魏文帝易以龜，取其先知歸順之義；唐改魚袋，取其合魚符之義。自一品至六品皆服魚袋，以明貴賤；應君命者皆盛以魚袋，三品以上飾以金，五品以上飾以銀。……（馬永卿懶眞子錄）張貽孫問魚袋制度，答曰：今之魚袋乃古之魚符，必以魚者，蓋分左右，可以合符。唐人用袋盛魚，今人以魚飾袋，非古制也。

據所錄各條，可知「魚袋」之制，始于唐代，紫金魚袋者，謂衣紫服而佩魚袋，以金飾之。宋代魚袋之制，則始于太宗雍熙元年。

今商務影印本卷後，附有以四角號碼編成之條文索引，頗稱方便。

貳、國學基本書目提要

一、經學書之部

1 論語

爲儒家思想之總滙，亦二千餘年來國人思想之總源泉，當熟讀成誦，以獲潛移默化之功能，而影響於身心修養，方爲得益而可貴者。

後世注釋之書，有魏何晏集解，保存漢儒孔安國、馬融、鄭玄等精義，爲現存最早之注本。又朱熹集注，爲其生平極矜愼之作，惟其中偶入宋人理障處，宜分別觀之。清時有戴望之論語注，其書簡明易讀，訓詁亦較朱注爲優，因戴氏服膺顏習齋之學，最重實踐，故所注似近孔門眞際。

又焦循論語通釋，乃模仿戴震孟子字義疏證而作，將論語原有章節拆散，分爲若干目，通而觀之，以爲註釋，令人對孔門師弟之思想及論語一書之內容，得一系統化之認識，近人嚴靈峰有論語章句新編，亦分目作注，頗具條理。

義疏方面，除宋邢昺舊疏之外，清劉寶楠正義於考證頗有貢獻。

錢穆先生有論語要略及孔子與論語二書，對指導如何讀論語甚有幫助。

2 孟子

宋以前學者恒以孟子爲諸子之一，自來儒者尊其書爲經，其勢力乃與論語相埒。此書亦當熟讀，非惟於修養有益，抑且可助文章之氣勢。

現存最早之注，爲東漢趙岐注，宋朱熹集註在四書集註中。清焦循孟子正義，在清儒諸經新疏中最善，然文字繁多，宜備置案頭，以供參閱。又戴震孟子字義疏證一書，見解極爲精闢，誠戴氏一家之哲學。陳澧東塾讀書記中讀孟子之卷，取孟子學說分項爬梳，極爲精切。另有王偉俠之孟子分類纂注，亦明晰可讀。

3.周禮

此爲西漢末晚出之書，撰者尚難確定，惟其中所列官制，部分當爲周代舊制，餘亦戰國、秦漢間學者理想之產物。後世歷代之官制，總不出周禮範圍，唐六典、明會典、清會典編次之法，皆依周禮。注疏本爲漢鄭玄注，唐賈公彥疏，鄭注甚精善。清孫詒讓周禮正義本爾雅、說文正其詁訓，以禮經大小戴正其制度，博採漢唐及清儒舊說，於典制名物，疏通證明，條理至密，爲後儒治周禮最精密之書。

4.禮記

爲孔門弟子及其後學所記，蓋戰國及西漢儒家言禮之叢書，其中有精純者，亦有極破碎者，如大學、中庸，所言政治哲學及心性學理，皆極精密，朱子取與論孟合稱四書，並爲之集注。他如儒行、曲禮、禮運、學記、樂記、禮器、經解、坊記、雜記、昏義、冠義諸篇，皆極有價值之文字，不可不精選熟讀。注疏本爲漢鄭玄注，其義精奧，唐孔穎達疏，頗能發揮鄭義，貫串三禮。清孫希旦之禮記集解，於鄭注孔義之外，博採宋元以來諸儒之說，頗爲賅備。

5.易經

此爲孔子以前之哲學書，代表古人之宇宙觀及人生觀，學者至少須熟讀繫辭傳、文言傳、說卦傳。

後世注疏之書，除王弼、韓康伯注，孔穎達疏之外，唐李鼎祚之周易集解，宋程頤之程氏易傳，清焦循之雕菰樓易學三書（易通釋、易圖略、易章句）皆稱精博。

6. 詩經

此爲我國文學之鼻祖，古人尊爲經典，自孔子以還，卽受重視。

注疏本爲漢毛亨傳，鄭玄箋，唐孔穎達疏，此外，如宋朱熹之詩集傳，清胡承珙之毛詩傳疏，馬瑞辰之毛詩傳箋通釋，姚際恒之詩經通論等，皆有精詣。

7. 書經

此書所載爲虞夏商周四代之歷史文獻，惟二十九篇是眞，餘皆晉人僞撰。注疏本爲漢孔安國傳，唐孔穎達疏，此外，如閻若璩之古文尚書疏證，惠棟之古文尚書考，劉逢祿之書序述聞，孫星衍之尚書今古文注疏，皆精奧紛見，影響甚深之書。

8. 左傳

此爲春秋三傳之一，然爲紀事之傳，與公穀解經者不同。

注疏本爲晉杜預集解，唐孔穎達疏，此外，杜預別有春秋釋例，清顧炎武有左傳杜解補正，惠棟有左傳補注，焦循有左傳補疏，顧棟高有春秋大事表，皆精密可讀。

9. 孝經

先儒或以孝經乃孔子爲曾子陳孝道而作，實則爲闡發明王以孝治天下之大經大法而作，大抵在立身行道，德教治化上說，非徒爲曾子言，亦爲天下後世之君天下者言也。

昔有古文、今文二本，今文本鄭玄注，分十八章，古文本孔安國注，分二十二章。

自唐開元十年玄宗御注本頒行天下，孔鄭兩注本並廢。

注疏本爲唐玄宗注，宋邢昺疏，清嚴可均有鄭注輯本。

10. 十三經注疏

學者如欲總覽十三經及其注疏，或欲專研經學，深究經義，當備此書。此書凡四百十六卷，南宋以前，經與疏各單行，光宗紹熙間，始有合刊本，後復有十行本，明嘉靖中有閩本，據十行本重刻；萬曆中有監本，據閩本重刻；崇禎中有毛氏汲古閣本，據監本重刻；清有殿本、阮元本。阮本有校勘記附後。今有藝文印書舘印行本，據阮元本影印。

11. 通志堂經解

清、徐乾學編，納蘭性德校刋，大通書局印行。此一經學叢書，薈萃唐宋元明人解經之書，共一千七百八十一卷。凡專志於經學研究者，當備一部。清翁方綱有通志堂經解目錄一卷，可備查閱。

12. 皇清經解　　清、阮元編　　復興

此叢書彙集清代儒者之經解一百八十餘種。原刻本二百九十六册，後有勞崇光補刋本，增爲三百六十册，一名學海堂經解。

13. 皇清經解續編　　清、王先謙編　　復興

王氏拾取皇清經解所遺漏者，兼收近世學者著述，凡二百零九種，原刻本三百二十册。今藝文印書舘亦有影印本。能備以上二部經解，則清儒解經之書，堪稱完備矣！

14.經義考　清、朱彝尊撰

此書凡三百卷，統考歷代經義之目，每一書前列撰人姓氏，書名卷數，次列存、闕、佚、未見等，復次列原書序跋及諸儒論說，其自爲考證者，卽附列案語於末，爲歷來考證經籍最完善之作。

15.經學歷史　清、皮錫瑞撰　藝文

此書歷敍經學之沿革，分開闢、流傳、昌明、極盛、中衰、分立、統一、變古、積衰、復盛十時代，讀此可了解經學發展之史迹。此書頗能自具斷裁，惟持論稍偏耳。

16.經學源流考　清、甘鵬雲撰　鐘鼎

此書凡八卷，綜述經學之源流，自孔門傳授，戰國經學流派，漸及於易學、尙書學、詩學、周禮學、儀禮學、禮記學、三禮總義、樂學、春秋學、孝經學、論語學、孟子學、四書學、爾雅學。末述群經總義、歷代緯書學、歷代經學總論等，皆簡切精當。

17.中國經學史　馬宗霍撰　商務

此書凡十二篇，按時分述歷代經學盛衰異同之故，自古之六經，孔子之六經，孔門之經學，秦火以前、秦火以後之經學，下至兩漢、魏晉以迄宋元明清之經學，持論大抵能平。

18.讀經示要　熊十力撰　廣文

此書爲抗戰末期，熊氏應答及門諸子讀經問題而作，書分三講，一曰：經爲常道，不可不讀。二曰：讀經應取之態度。三曰：略說六經大義。頗能發前聖之微言，振後生之頹志，關係吾民族命脈者甚大，亦能示人以讀經之要途。

19.經子解題　　呂思勉撰　　商務

此書前半論讀經書，後半論讀子書，頗爲簡明。凡群經及先秦諸子之眞者，略具於是。又切實擧出應讀之書，及其讀之先後，復分篇論列經子各書之題旨；所言皆持平之論，頗有益於初學。

20.經典常談　　朱自清撰　　開明

此書係作者抗戰期間於西南聯大所作，所謂「經典」，係廣義之用法，包括群經、先秦諸子、數種史書及集部在內。共十三篇，各篇之討論，多採近人新說，其參考資料，或分別注明，或開列於後，說明清晰，讀此於我國經典可得一清楚之概念。

二、史學書之部

1.國語

爲我國國別史之祖，先儒自司馬遷以下，皆以爲周左丘明所作，三國吳韋昭注，起自周穆王，訖於魯悼智伯之誅。韋昭以爲：其文不主於經，故稱春秋外傳；劉熙釋名則以魯爲內，以諸國爲外，外國所傳之事，故曰外傳。今有藝文印書館韋昭注本。

2 戰國策

漢劉向集先秦諸國所記載戰國時事，分十二國，名戰國策，司馬遷作史記，多採其文，今通行者有藝文印書舘及中華書局漢高誘注本，宋鮑彪、元吳師道亦各有注本。

3 史記

大史家司馬遷著，爲吾國正史紀傳體之祖，文筆酣暢生動，史學與文學價值兼備，劉宋裴駰作集解，唐司馬貞作索隱，張守節作正義，皆各有發明，合稱史記三家注。清梁玉繩作史記志疑，就三家注文，博採舊說，分條詳考，至爲精核，頗稱完備。明凌稚隆撰史記評林，爲史記評論文字之淵藪，清吳齊賢作史記論文，論述亦甚博雅。

4 漢書

史記屬通史，漢書則爲正史中斷代史之祖，漢班固撰。固所著爲續其父彪書而成，固既卒，妹昭又續成之。漢以後注者數十家，今所行者爲唐顏師古注。清王先謙有補注，詳贍足供參考。

5 後漢書

南朝宋范曄以前，作後漢史者，如東觀漢記等凡十餘家，曄採輯故籍，以成是書。後因獲罪而死，十志未成，梁劉昭因用司馬彪續漢書之文以成之。唐章懷太子李賢爲之注，清王先謙作集解，搜採諸家之說，加以案語，頗爲詳博。

6 三國志

晉陳壽撰魏蜀吳三國之歷史，南朝宋裴松之作注，引據博洽，其文多於本文數倍。

以上合稱四史，皆大史家手筆，體例精嚴，向爲學人誦習不絕，在學術上之價值，與六經諸子相類。四史之列傳，宜擇偉大人物之傳記讀之，最能激發志氣，增長歷史智慧。近人劉鑑泉有四史知意，可以參閱。

7. 資治通鑑　宋、司馬光撰　明倫

此爲編年政治史最有價值之著作，乃爲宋儒司馬光畢生精力所萃，其書網羅宏富，舉凡國家興衰之迹，生民休戚之事，並寓善可爲法、惡可爲戒之意，文繁義博，體大思精，越十九年而書成，神宗製序，並賜名資治通鑑。至元，胡三省爲之注。清畢沅作續資治通鑑，所記自宋迄元之史跡，然價值遠遜司馬原著。惟卷帙浩繁，學者不免望而興嘆，然習文史及有志於政治之學子宜精讀一過。王船山讀通鑑論，批評眼光，頗異俗流，可取以並讀，近人王緇塵著資治通鑑讀法，亦可參閱。

8. 通鑑紀事本末　宋、袁樞撰　華世

漢以來史書，不外紀傳、編年二體，或一事而重見數篇，賓主莫辨；或一事而隔越數卷，首尾難稽。樞乃自出新意，因通鑑而區別門目，依類排纂，每事各詳起訖，自爲標題；每篇各編年月，自爲首尾；始於三家分晉，終於周世宗征淮南，數千年事，經緯分明，一覽了然。清陳邦瞻宋史紀事本末、谷應泰明史紀事本末，皆沿仿焉。

9. 二十二史劄記　清、趙翼撰　樂天

學者讀正史之前，宜瀏覽此書，書中對吾國正史編述之次第，體裁及作法，記事之正誤，政事之得失等，均有精要之論評。

10. 二十二史考異　清、錢大昕撰　樂天

此編將二十二種史書，參照各種記錄，考訂校正，可作讀正史之參考。

11. 通典　唐、杜佑撰

此書因劉秩政典而廣之，上溯黃虞，下迄天寶，博取五經群史，及漢魏六朝人文集、奏疏之有裨政教得失者，每事以類相從，凡歷代沿革，皆詳爲記載，誠爲唐以前掌故制度之淵海也。

12. 通志　宋、鄭樵撰

此書仿通史之例，分紀傳年譜二十略，採摭浩博，議論亦多警闢，雖純駁互見，而瑕不掩瑜。著者鄭漁仲，其史識史才，皆卓犖不凡。通志全書卷帙繁不必讀，惟二十略乃全帙精華及著者精神所聚，必經瀏覽，尤以氏族略、六書略、七音略、校讎略爲最要。

13. 文獻通考　元、馬端臨撰

此書仿杜氏通典而更增廣之，所述事蹟制度，上承通典，下至南宋寧宗，分條排纂，剪裁鎔鑄，記宋朝制度尤詳，宋史各志所未備者大抵皆載，讀之可明古代政制及後代沿革，因資料豐富，故卷帙浩繁，當擇要讀之，明清以後有續文獻通考及清朝文獻通考之作，皆係續此書而成。

14. 史通　唐、劉知幾撰

此書內篇論史家體例，外篇述史籍源流得失，尤於作史方法，頗多特識，評議極嚴，但亦不無偏駁之處，宜擇要瀏覽。

15. 文史通義　清、章學誠撰　國史研究室

此書內篇皆辨訂經史文義，外篇研討州志序例，獨創新義，皆極精嚴。其中倡言立議，多前人所未發，大抵推原官禮，故於古今學術淵源，輒能條別而得其宗旨，宜讀之。胡適章實齋年譜，可供參考。

16. 水經注　北魏、酈道元撰

中國史書中有地理一類，故地理附屬於史學，水經注一書，乃漢桑欽所著水經之注，爲六朝人之地理專書，多描寫山川景物，記述古蹟，文辭雋美，可資學文一助，亦可了解中國山川之大勢。

17. 讀史方輿紀要　清、顧祖禹撰

此書據正史考訂地理，於山川形勢險要、古今戰守攻取、成敗得失之跡，皆有所折衷，實爲最有組織之地理書，其特長在專論形勢，以地域爲經，以史蹟爲緯，卷帙雖多，可專讀其敍論。

18.高僧傳　　梁、釋慧皎撰

此書爲研究中國佛教史之重要史料，所載佛教高僧，自東漢明帝永平十年，至梁武帝天監十八年，凡四百五十餘人，分爲十科。其後有續高僧傳、宋高僧傳、明高僧傳之作，合稱四朝高僧傳。

19.大唐大慈恩寺三藏法師傳　　唐、釋慧立撰

此書爲玄奘法師詳傳，前半記西域印度，後半記法師之譯經事業。玄奘爲我國第一位留學生，亦爲大思想家，讀此傳可增長吾人之志氣。

20.中國佛教史　　蔣維喬撰　　國史研究室

著者精通佛法，學貫文史，此書乃竭多年心力，遍訪南北高僧，深入古刹佛寺，勤輯史料，詳編而成。上起東漢，下迄民國，而於清以來史料，搜輯尤費苦心，爲佛教通史之佳構。

21.中國歷史研究法　　梁啓超撰　　中華

此書於歷史之意義及其範圍，過去之中國史學界，歷史之改造、史料及史料之蒐集鑒別，史蹟之論次諸端，皆各有論述，讀之可增史學興味，且知治史之方法。

22.國史大綱　　錢　穆撰　　商務

此書爲著者於民國二十二年在國立北京大學任教中國通史時，以迄抗戰期間，轉徙於西南各地，斷續撰成，於我先民國史之大體，史蹟之演進，作有系統而簡要明當之敍述，凡歷代政治制度、學術思想、社會組織、與社會經濟諸端，皆有獨到之論點，因著者深具閎識孤懷，讀其書大可增長對民族之信心。

23.中國史學史　　李宗侗撰　　中華文化

此書以史學觀點探討中國史學之源流及史官、史館諸端，又闡述中國史學之特點，並論述史料範圍之擴充及史學之將來，原原本本，爲極有系統之論著。

24. 司馬遷之人格與風格　李長之撰　開明

此書對大史家司馬遷之精神人格，有獨到精要之評論，對其文章風格，作美學上之分析，並自文學史之觀點，論述史記與小說戲劇之關係，及司馬遷之諷刺文學與文學批評，大可啓發吾人對司馬遷與史記一書眞切之認識。

25. 史學導言　錢　穆撰　中央日報

此書原爲民國五十九年春，著者在成功大學對歷史系學生之講辭，後於中央副刊連載，並印成單行本，影響深遠。錢氏從學問的三方面：義理、考據、辭章講起，講到治史學所必備之一番心情，歷史上之時間與事件，與歷史上之人物，勉勵青年建立學問之廣大基礎，培養關切國家民族之心情，讀之可以增長志氣，開闊心胸，又著者別有中國歷史精神一書，三民書局出版，可以並讀。

26. 中國史學名著　錢　穆撰　三民

此書爲民國五十八年至六十年間，著者在中國文化學院歷史研究所講課之筆錄，對中國歷代史學名著，一一作詳盡之介紹分析與評論，學者於研讀中國史書之前，宜先瀏覽此書，可以獲取概要而明

27. 歷史哲學　黑格爾著．謝詒徵譯　大林

本書係名哲學家黑格爾自新穎之觀點，以論列歷史上各種主要事實與基本原則。因係由講義編訂成書，故形式不如一般玄學論文之謹嚴，作者雖富於思辨之活力，但仍注意於「經驗界」與「現象界」。國人牟宗三先生、羅光主教亦著有「歷史哲學」，均可參閱。

28. 世界史綱　威爾斯著　大林

著者爲當代英國文學家，曾受業於赫胥黎之門，其歷史觀點一以進化論爲準，對原始時代、石器時代之敍述，耶穌、亞歷山大之爲人，及拿破崙、俾斯麥之事蹟，所論皆不落前人窠臼。雖然對東方史蹟之記敍，偶有失實之處，然瑕不掩瑜，仍不失爲史學名著。

確之認識。

三、子學書之部（含哲學思想）

1. 老子

此書闡發大道無爲之說，乃道家最精要之書，凡五千言，宜熟讀成誦。古注以漢河上公注最古，魏王弼注甚精，後世注釋研究之書，如明焦竑之老子翼，清魏源之老子本義，近人張默生之老子章句新解，嚴靈峰之老子章句新編，張起鈞之老子哲學，陳鼓應之老子今注今譯及評介等，皆可參閱。

2. 莊子

蓋本老子之言，以寓言而明道德，輕仁義，一死生，齊是非，主虛無恬淡。內篇七篇及雜篇中之天下篇最當精讀，蓋天下篇爲莊子自序，依此可得莊學指歸。後世注釋，以清郭慶藩莊子集釋最稱詳審；王夫之莊子解亦有獨見；郎擎霄莊子學案，則以分析方法，研究莊學，亦有可取，陳鼓應莊子哲學，簡明可讀。

3. 墨子

墨學於先秦爲顯學，嘗與儒家並稱，故宜擇要精讀，如經上下，雜說上下、大取、小取、兼愛、非攻諸篇是。注釋書以清孫詒讓墨子閒詁最善，梁啓超有墨子學案，爲通釋體裁，可以參看；張純一有墨子集解，李漁叔有墨辯新注，所見有超越前人之處。

4. 管子

此爲戰國末人所集著，性質頗雜，然古代各家學說存其是者頗多，宜一瀏覽。注釋書以清戴望管子校正爲善。

5. 荀子

荀子一書，體大慮周，與孟子少異。古者道統之說未興，自漢至唐，孟荀二子，同稱大儒。其中解蔽、正名、天論、正論、性惡、禮論、樂論、勸學諸篇，最當精讀。以唐、楊倞注，清王先謙集解最善，梁啓雄荀子學說、牟宗三荀學大略等皆可參閱。

6. 韓非子

此爲法家集大成之書，亦法家學術之精華所在，宜全都瀏覽，尤以二柄、孤憤、說難、解老、喻老、難勢、定法、五蠹、顯學諸篇最當精讀。

注釋書以清王先愼韓非子集解較適用，梁啓雄有韓非子淺解，陳啓天有韓非子校釋，並可參讀。

7. 呂氏春秋

此書所輯古代學術思想不專一家，甚有研究價值，而周秦雜家之說，今已無存者，可藉此窺其一二。漢高誘注訓詁簡質，然引證間有舛失。

8. 淮南子

此書薈萃秦漢間道家之言，宜稍精讀，漢高誘注，近人劉文典淮南鴻烈集解、于大成淮南子校訂，皆可參考。

9. 春秋繁露　漢、董仲舒撰

此西漢儒家思想之代表作，宜稍精讀。注釋書有蘇輿春秋繁露義證，康有爲春秋董氏學。

10. 論衡　漢、王　充撰

此書蓋兩漢哲學之反動，乃疑古派之祖，此後倫理哲學之純樸基礎，日漸動搖，至兩晉清談，爲老釋雜糅之玄學出而化之，於儒學之盛衰關係甚大，當加以研究。

11. 世說新語　劉宋、劉義慶撰　明倫

此書將魏晉人談玄之語，分類纂錄，語言雋妙。近人楊勇有世說新語校箋可用。

12. 顏氏家訓　　　隋、顏之推撰　　國風

此書質實平易，不爲高談，多述立身治家之法，辨正世俗之謬，大抵於世故人情，深明利害。清趙曦明爲之注，盧文弨又加校正，最稱善本，今有周法高顏氏家訓彙注，詳盡可讀。

13. 六祖壇經　　　唐、慧能說、法海錄

此書依禪宗六祖慧能說法，而門人法海所錄，內含禪學精義，乃禪宗史上重要典籍，對此後中國思想影響極爲深遠，極宜一讀，有丁福保箋註本，頗精要，維新書局印行。

14. 近思錄　　　宋、朱　熹撰　　中華

此書乃朱子所訂，提示周、程、張四子學說之精華，元、明以來理學家合論、孟而讀之，清、江永又集朱子論說而作注，讀此可明有宋理學之內容，中華書局有江永注本。欲深入研究程朱學派，則宜讀二程遺書及朱子語類，王懋竑著朱子學譜，附朱子論學要語，敍述朱學全面目，甚爲精要，且有條理。

15. 傳習錄　　　明、王守仁語、徐愛等記

王守仁良知之說，學者初多未信，門人徐愛乃疏通辯釋，暢其要旨，編爲此書，所記爲王守仁與門弟子論學、答問之語，有孫奇逢、黃宗義諸家評本，讀此可知王學梗概，欲知其詳，宜讀王文成公全書。

16. 日知錄　　　清、顧炎武撰　　明倫

亭林先生，學有本源，博贍而能貫通，本書記其讀書所得，每事必詳其本末，引據浩繁，精嚴過於前人，蓋平生精力所注也。有黃汝成集釋本。

17. 宋元學案　　　清、黃宗義撰　全祖望修　河洛

此書始由黃宗義發凡起例，僅成十七卷而卒，其子百家續之，亦未卒業，其後全祖望乃爲續成之，

後王梓材又有增補。全書述自胡安定以下、宋元諸儒共八十七人之略傳，及其學說、著述等，並明示其師承派別頗詳。

18. 明儒學案　明、黃宗羲撰　河洛

此書搜採明代諸儒文集語錄，辨別宗派，於諸儒源流分合之故，敍述頗詳，讀之可瞭然於明儒之學術精神。

二書爲宋元明三朝理學之總紀錄，實爲創作之學術史，唯卷帙浩繁，宜擇要瀏覽，因其爲六百年間學術之總滙，影響近代思想甚深。另孫夏峰有理學宗傳一書，蓋欲調和程朱、陸王，亦兼及漢唐諸儒，較學案爲簡明。

19. 清代學術概論　梁啓超撰　商務、啓業

欲知清代學術之大要，宜讀此書。林語堂氏嘗自言，其思想卽深得此書之濬發。欲知其詳，則宜讀黃宗羲之明夷待訪錄，顏元、李塨之顏李遺書，戴震之東原集，焦循之雕菰樓集，崔述之崔東壁集，江藩之漢學師承記，方東樹之漢學商兌，章炳麟之章氏叢書等。

20. 中國古代哲學史　胡適撰　商務

此書爲我國第一部以新方法寫成之哲學史，原爲中國哲學史大綱上卷，雖未全部完成，且多偏重史料考證，鮮及哲學思想本身，今人多有不滿之批評，然於哲學史著作中乃開山之作，宜一閱覽。

21. 中國哲學史　馮友蘭撰

此書較胡著內容充實，條理更密，價值勝於胡書。近勞思充亦著哲學史，於胡、馮二書皆有評論，華世出版社印行，亦可備閱。

22. 東西文化及其哲學　梁漱溟撰　虹橋

此書爲梁氏之講演錄，講述東方化、西方化問題，並比較西洋、中國及印度之哲學，又說明世界未

來之文化與吾人今日應持之態度。

23: 新唯識論　熊十力撰　河洛

熊氏融攝儒佛與西方哲學，此書爲其傳世之作，於佛家唯識之義，頗創新義，有文言本與白話本。

24. 先秦諸子繫年　錢　穆撰　香港大學

此書爲錢先生早年成名之作，分考辨及通表二部分。考辨部分，含諸子考辨文如孔子生年考，墨子生卒考、孟子遊粱考等凡一百六十三篇，極具學術價值。

25. 中國哲學原論　唐君毅撰　人生、新亞

上册分三篇，導論編、述原理、原心；名辯與致知編述原名、原辯、原言與默、原致知格物；天道與天命編述原道、原太極、原命；下册專論原性，推論中國哲學之原，精深完密。

26. 中國哲學的特質　牟宗三撰　學生

中國哲學與西洋哲學精神特質不同，牟先生此書有極精詳之剖析；別有歷史哲學、才性與玄理、生命的學問諸書，亦各具獨見。

27. 哲學與文化　吳經熊撰　三民

此書收吳先生儒家的悅樂精神、莊子的智慧、中西文化的比較等論文十篇，其中五篇係對　國父思想及　蔣總統哲學之研究。

28. 科學哲學與人生　方東美撰　虹橋

此書爲方先生早年著作，共分六章，首先推論哲學思想之成因及其功能，次就希臘思想之發展，剖析其宇宙觀，更就近代歐洲思想之流變，分述物質、生物及心理科學之理路，末論希臘與近代歐洲不同之生命精神。別有哲學三慧一書亦係純哲學之探討，三民書局出版；又有中國人生哲學概要，亦淸晰可讀，先知出版社印行。

29. 中國哲學史話　張起鈞、吳怡合撰

此書旨在以通俗之語言，輕鬆之筆調，介紹中國哲人之思想，自孔子至王陽明，共述哲人三十九家，首論中國哲學的傳統精神，末論中國哲學的未來。文筆流暢，頗能引發興味。

30. 西洋哲學史話　美國威爾杜蘭撰　協志

此書係作者十一年苦心研究及三年實際寫作之成果，因敍述深入淺出，立論不偏不倚，非但淺嘗者不覺深，深思者亦不嫌淺，故頗受讀者好評。

31. 希臘哲學史　李震撰　三民

希臘哲學爲西方哲學之搖籃，欲了解西方哲學之根源，當先了解希臘哲學。此書分述希臘哲學各學派，及三大哲學家之思想甚爲明晰。正中書局有趙雅博著希臘三大哲學家，亦可參閱。

32. 西方哲學史　英國、羅素著　鍾建閎譯　中華文化

欲知西方哲學各學派之源流，當讀此書。另三民書局有傅偉勳著西洋哲學史，水牛出版社有威柏爾及柏需合著之西洋哲學史，皆可參閱。

四、文學書之部

1. 楚辭

楚辭爲吾國南方文學之源，戰國時，產生於長江流域，與春秋時發生於北方黃河流域之詩經，同爲正統文學之發軔，對後世文學影響極深。以薈萃楚人之作，故稱楚辭，其中屈原、宋玉作品宜熟讀，能成誦最佳，其餘兩漢人模擬之作，可以不讀。後世註釋之書，以宋洪興祖楚辭補註最詳盡，其餘可分四派，一爲訓詁派，以王逸楚辭章句爲代表，二爲義理派，以朱熹楚辭集註爲代表；三爲聲韻派，以陳第屈宋古音義爲代表，四爲考據派，以蔣驥山帶閣注楚辭爲代表。

2. 昭明文選　梁蕭統編　藝文

此書爲古今詩文總集之祖，選錄秦漢、下逮齊梁之詩文，以其爲梁昭明太子蕭統所編，故稱昭明文選，亦簡稱文選。唐李善爲之注，後呂延祚復集呂延濟、劉良、張銑、呂向、李周翰五人，共爲之注，於是世有李善注、五臣注二本。南宋以後，取李善注與五臣注合刻，稱六臣注文選。其中惟李善注釋音訓最詳，清孫志祖有李注補正，近人高步瀛有李注義疏，均稱詳博。

3. 文心雕龍　梁、劉勰撰　開明

此書爲吾國文學理論之鼻祖，亦文學批評之先河。分五十篇，原道以下二十五篇論文章之體裁，神思以下二十四篇論文章之巧拙，序志一篇，述所以著書之由。言爲文之用心，故稱文心；古來文章，以雕縟成體，遂取騶奭群言雕龍之意，故稱雕龍。於文章利病，均能窮其微妙，而抉摘靡遺。非惟議論精到，識見卓越，且取材浩博，體大思精，文辭亦雅麗可誦，誠藝苑之秘寶，學文之圭臬也。後世注本，以近人范文瀾注本最稱繁富，此本據清黃叔琳本校勘，注釋網羅古今之說不下百餘家，足補黃本所不及。又劉永濟文心雕龍校釋，考證推論，極見精當，窮深研幾，足與范注之繁徵博引者，相互輝映。

4. 詩品　梁、鍾嶸撰　開明

此書爲吾國詩評專著中最古而最精之作，品第漢、魏以下，迄於齊、梁之五言古詩作者，凡百二十三人，分上中下三品，每品各繫以序，並加論斷，論列各家流變，不免有附會之處，所定品第，後世亦頗有異議；惟於各家作品之得失，時有精確扼要之評語，實爲詩品中最有價值之部分。其所以能成爲中國詩歌批評史上之重要文獻，即在於此。今有陳延傑注、郭紹虞集解。

5. 樂府詩集　宋、郭茂倩撰　商務

此書總括歷代樂府歌詞，上起陶唐，下迄五代，分爲十二類，網羅浩博。其題解敍述源流，尤爲詳備，後世言樂府者，多宗奉是集爲圭臬。其中尤以不知作者姓名之漢魏古辭，風格自然平淡，最堪一讀。四部叢刋、四部備要均收有是書。

6. 曹子建集　　魏、曹　植撰　　商務、清流

植才思雋捷，詞藻富麗，世目爲繡虎，謝靈運嘗言：「天下才共一石，子建獨得八斗」，其才高可知。甚爲其父武帝所愛，兄文帝曹丕忌其才，欲害之，嘗限令七步成詩，植應聲立就，以煑豆燃萁爲喻，諷其兄相逼之甚，文帝感而釋之。此集四部叢刋及四部備要均收。

7. 陶淵明集校箋　　楊勇撰　　學術資料編印館

晉陶淵明志趣高潔，其詩冲穆淡雅，文亦超逸高古，影響後世極深。楊氏爲陶集所作校正及箋注，以善本參校編定，並多採前修之說，以爲箋注，末附年譜彙訂，堪稱近代陶集最明備精審之本。另方祖燊陶潛詩箋註校證論評、王叔岷陶淵明詩箋證稿，亦詳審可觀。

8. 杜詩鏡銓　　清、楊倫撰　　中華

唐杜子美詩，憲章漢魏，取材六朝，無一語不自眞性情流出，故無不摯切動人；其所作渾涵汪洋，千彙萬狀，憂時卽事，世號詩史，元微之謂詩人以來，未有如子美者，後世尊爲詩聖，所作多膾炙人口，千古傳誦。清楊倫所輯此書，依年代編詩，詳加校勘。注釋明當，立說平實，確爲杜詩注釋之善本。他如仇兆鰲杜詩詳註、錢謙益杜詩錢註皆各有勝處。

9. 李太白全集　　清、王載菴輯注　　河洛

太白天才豪邁，清逸脫俗，其詩縱橫馳騁，若天馬行空，傳世千年，僅得宋楊齊賢、元蕭士贇等三家注，王氏承三家後，窮畢生精力，拾取三家之遺，而廣爲綜輯，足以發太白難顯之微，抉三家未窺之妙。

10. 韓昌黎集　　唐、韓愈撰，李漢編　　河洛

唐初文章，崇尚駢體，愈力主文以載道之說，以復古爲革命，用散文代替駢體之時文，影響當時及後代甚鉅。愈文章宏深奧衍，左右六經，卓然成一家言。後學之士，取爲師法，故世稱韓文，門人李漢編其文，爲昌黎先生集，今稱韓昌黎集。

11. 白香山詩集　唐、白居易撰　清、汪立名編　世界

居易詩清新婉麗，而平易近人，老嫗都解，爲中唐一大家，有詩歌三千八百四十首，篇什之富，於唐代居最，享名亦高，元和、長慶間，與元稹唱和，世稱元白，時號其詩爲長慶體；又與劉禹錫齊名，並稱劉白，晚居香山，自號香山居士。近人以其詩多爲民生疾苦，人類正義而作，稱爲社會詩人，良不誣也。

12. 李義山詩集　唐、李商隱撰　清、朱鶴齡箋註　學生

義山詩綺麗綿密，與溫庭筠、段成式齊名。宋初，楊億、錢惟演等摹擬其詩，成西崑酬唱集，世稱西崑體。蔡寬夫詩話載王安石之語，以爲唐人能學老杜，而得其藩籬者，惟商隱一人。

13. 歐陽修集　宋、歐陽修撰　河洛

修博極群書，早年讀昌黎文集，苦心探索，遂倡爲古文，以明道致用爲主旨，天下翕然師尊之，其文造語平易，而情韻緜邈，陳師道稱其善敍事，不用故事陳言，而文益高，詩文兼韓愈、李杜之長，爲一代文宗，詞亦清新婉約。

14. 東坡全集　宋、蘇軾撰　清、蔡世英重訂

軾以詩人衣被天下，刻本甚多，而編次多叢雜，頗尠善本。清蔡世英據舊刻重訂，名東坡全集，於諸刻中最有秩序，故世通行，四庫總目所著錄者卽此本。軾天才高妙，爲文涵渾奔放，詩亦清疏雋逸，並稱大家。

15. 劍南詩稿　　宋、陸游撰　　中華

游才氣超逸，其詩寄託遙深，風骨遒上，清新圓潤，自成一家。留蜀十年，樂其風土，因題其詩集名劍南詩稿，後世稱爲劍南派。集中尤多憂時愛國之作，故有愛國詩人之目。

16. 南唐二主詞彙箋　　唐圭璋撰　　正中

南唐中主李璟詞，清和宛轉，情致秀潁，亦沈鬱之至，所爲詞僅存數首。其子後主李煜詞，自寫身世，感慨深摯，更饒烟水迷離之致。後人輯錄二主所作，合編爲南唐二主詞。近人唐圭璋撰彙箋，合校諸本，加以注釋，最便初學。

17. 東坡樂府箋注　　龍沐勛撰　　商務

東坡詞一洗綺羅香澤之態，或豪放飄逸，或韶秀清麗，且寓意深遠，運筆空靈，才華性情，學問襟抱，俱非凡流所及。使人登高望遠，舉首高歌，而逸懷浩氣，超乎塵垢之外。其詞集名東坡樂府，傳本甚多，王鵬運四印齋覆刻元延祐本、朱氏彊村叢書編年本俱佳，龍沐勛箋注本尤便初學。

18. 片玉集注　　宋、陳元龍注　　彊村叢書本

周邦彥詞，乃北宋一大家，前收蘇秦之終，後開姜史之始，自有詞人以來，不得不推爲巨擘。言情體物，或沈鬱頓挫，或富麗精工，而尤善鋪敍。好音樂，能自度曲，詞集名清眞詞，又稱片玉詞，宋陳元龍注改爲片玉集，注釋精詳，頗便初學。

19. 漱玉詞　　宋、李清照撰　　宋金元人詞本

易安居士詞，少作馨逸，中年清婉，自宋以來，女子作家，當推第一。李調元雨村詞話曰：「易安在宋諸媛中，自卓然一家，不在秦七黃九之下，詞無一首不工，其鍊處可奪夢窗之席，其麗處直參片玉之班，蓋不徒俯視巾幗，直欲壓倒鬚眉。」詞集名漱玉詞，蓋出後人掇拾，趙萬里校輯宋金元人詞本最佳。

20. 稼軒詞編年箋注　　鄧廣銘撰　　中華、華正

南宋辛棄疾詞慷慨縱橫，有不可一世之概，於倚聲家爲變調，而異軍特起，能於翦紅刻翠之外，屹然別立一宗，陳廷焯白雨齋詞話云：「辛稼軒，詞中之龍也。氣魄極雄大，意境却極沈鬱。」詞集名稼軒長短句，簡稱稼軒詞。

21. 白石道人歌曲　　宋、姜夔撰　　彊村叢書本

姜詞精深華妙，尤善自度新腔，故音節文采，並冠絕一時。張炎詞源云：「白石詞如野雲孤飛，去留無迹。」陳廷焯白雨齋詞話云：「姜堯章詞，清虛騷雅，每於伊鬱中饒蘊藉，清眞一勁敵，「北宋一大家也。」詞集名白石道人歌曲，簡稱白石詞，傳本甚多，朱祖謀彊村叢書本最佳。

22. 滄浪詩話　　宋、嚴羽撰　　近人郭紹虞校釋　　正生

歷代詩話，汗牛充棟，以此書最具體系。全書分詩辨、詩體、詩法、詩評、考證五部分，內容可歸納爲原理論、方法論、體裁論、批評與考證四部分。其中原理論爲全書重心，或論妙悟，或論興趣，所見透闢，又以禪理論詩，頗有創意。於詩主張取法盛唐，影響後世甚大。

23. 人間詞話　　王國維撰　　開明

靜安先生論詞，頗多精湛獨到之見，而境界之說，尤透闢入妙，他如隔與不隔之說，於歷代詞家之品評等，亦多深具卓識，允爲近代詞話中不可多得之佳作。王氏於哲學頗有深邃之研究，尤以受叔本華之影響最深，其論詞見解，頗受叔氏思想之濬發。

24. 曲學例釋　　汪經昌撰　　中華

本書篇首爲曲學發凡，分源本、曲義、樂理、宮調、體制、韻協、板式、正襯、譜律九目，皆所以專論曲學，次分上下二篇，上篇散曲例釋，下篇劇曲例釋，分就小令、套曲、雜劇與傳奇釋例學隅。欲專研曲學，此書頗具規矩繩墨。

25.水滸傳　　　　元、施耐庵撰　　　　三民

此書以北宋末年大盜宋江等三十六人橫行齊魏之事迹，及南宋至明中葉民間流傳水滸傳故事演輯而成，人數亦由三十六人增衍至一百零八。其描寫人物，刻劃盡致，爲有價值之文學作品。

26.三國演義　　　　明、羅貫中撰　　　　三民

此書所載，起於漢靈帝中平元年，終迄晉武帝太康元年，首尾九十七年事實，皆排比陳壽三國志及裴松之注，間釆稗史，且雜以臆說，乃集合宋以來說三分之話本演化而成。其寫三國時英雄人物及事蹟，頗瓌偉動人。

27.西遊記　　　　明、吳承恩撰　　　　三民

此書記唐玄奘法師赴西域取經事，以寓限煩惱求解脫之方，中經虎豹魔鬼種種險境，蓋本於後漢書西域傳所云：「梯山棧谷，繩行涉度之道，身熱首痛，風災鬼難之鄉。」諸語，曼衍附會而虛構之小說故事。其中情節錯綜變化，作者構思之幻，大率在八十一難中，頗富神奇之想像力。

28.紅樓夢　　　　清、曹雪芹撰　　　　三民

一名石頭記，又名情僧錄、風月寶鑑、金玉緣。凡一百二十回，前八十回爲曹雪芹撰。雪芹爲康熙間江南織造曹寅孫、曹顒子，是書卽其隱敍家世盛衰之事，其中賈寶玉爲其自況之人。所敍備極風月繁華之盛，所記男女數百人，各具本末，一一生動，雖不外悲喜之情，聚散之迹，而人物故事，無不在擺脫舊套。後四十回爲高鶚所續，亦有可觀。

29.儒林外史　　　　清、吳敬梓撰　　　　三民

此書藉元末危素、王冕二人引入，謂演述明初事，實則影射其同時之諸名士，細按之，可一一吻合。其描寫世故人情，慼而能諧，婉而多諷，無浮泛語，無淫穢語，爲近世諷刺派小說所宗。

30.老殘遊記　　　　清、劉鶚撰　　　　藝文藝文

此書原題洪都百鍊生著，爲劉鶚四十七歲時作，藉鐵英號老殘者之遊行，歷記其言行聞見，敍景狀物，頗有可觀，作者信仰，並見於內，其摘發清官之惡，尤爲獨到，蓋以文學技巧舒胸中塊壘耳。胡適先生稱許其觀察深刻，見解超脫，以白描手法，寫景狀物，其造詣鮮有能及，洵非溢美。

31. 中國詩史　陸侃如、馮沅君撰　明倫

吾國詩歌有三千年之悠久歷史，自西周以來，迄今不衰，可謂爲詩之王國。陸、馮二氏所著詩史分上中下三卷，上卷述古代詩史，分敍詩歌之起源，詩經、楚辭、樂府；中卷述中代詩史，分敍三國、六朝，初盛、中晚唐詩；下卷述近代詩史，分敍唐五代詞、兩宋詞、散曲及其他。材料豐富，亦有見解。

32. 中國詩學　黃永武撰　巨流

此書係近年中國詩論最有系統之論著，全書共分設計篇、鑑賞篇、考據篇三部分。設計篇收詩論七篇，談詩的意象、時空、密度、強度、音響等。鑑賞篇從讀者的悟境、作品的詩境、作者的心境三方面談詩的欣賞理論。考據篇分述詩歌校勘、箋註與辨僞之方法。全書體系分明，論述詳盡，創獲甚多。另劉若愚所著中國詩學，亦條理精密之作。

33. 詞學通論　吳　梅撰　商務

此書爲近代詞學大師吳梅瞿庵先生所著，內容除首篇緒論外，餘論平仄四聲，論音律，論作法等，均能示人規矩。末附概論四篇，論述唐至清代詞家及其作品，亦簡切精審。

34. 詞曲史　王　易撰　廣文

此書以詞曲爲範圍，先論樂府流變，次探其源，詳述詞曲演化，務明其體。共分明義、溯源、具體、衍流、析派、構律、啓變、入病、振衰、測運十章，以探討詞之史蹟，末章自現狀以言詞曲之前途，簡要可讀，另學生書局有劉子庚詞史，亦簡明扼要。

35.中國散曲史　羅錦堂撰　中華文化

散曲於元明兩代文壇，嘗大放異彩，清以後作者弗貴，近代經王國維之考證，吳梅之提倡，始漸被重視。此書首章爲散曲概論，論述散曲之起源、形製、特質等，以三章分論元明清人散曲，對散曲之發展，有概括之介紹。

36.宋元戲曲史　王國維撰　文星、河洛

此書敍述宋元兩代戲曲之源流及其派別，自上古至五代之戲劇，宋之滑稽戲、官本雜劇、金院本、元雜劇、明南戲等，皆有論列，並各加考證，多發前人之所未發，今僶勉出版社有關貽白中國戲劇發展史，資料詳備，甚可參考。

37.中國文學史　鄭振鐸撰　明倫

坊間文學史種類極繁，然佳者不多，此書分上中下三卷，分述古代中世近代文學，材料豐富，論述詳明，並附插圖，惟不易多覯，近書肆常有翻印者。華正書局有劉大杰校訂本中國文學發展史，可以並用。

38.中國文學批評史　郭紹虞撰　明倫

此書分上下二卷，上卷自周秦至北宋，以周秦、兩漢、魏晉南北朝爲文學觀念之演進期，以隋唐五代、北宋爲文學觀念之復古期。下卷自南宋至清代，著者以爲中國之文學批評，北宋以前以文學觀念爲中心，南宋以後以文學批評本身之理論爲中心。全書材料豐富，敍述明晰，亦甚有見解。

39.西洋文學史　黎烈文撰　大中國

此書共分二十七章，自希臘文學、拉丁文學、中世紀歐洲文學、文藝復興期之文學、十八世紀小說、古典主義、浪漫主義文學，以迄近代之西洋散文、戲劇與小說，論述極爲詳明，足供參考。

40. 西洋文學批評史　衞姆塞特 布魯克斯 合著　顏元叔譯　志文

研習中國文學者，不僅需對西洋文學有概略之認識，以收觀摩借鏡之效，且需藉助西洋文學批評之理論，承襲中國傳統之批評精神，以建立當代文學批評之體系。此書著者二人，皆美國文學批評家，全書細分為三十二章，自古代希臘至二十世紀中期之西洋文學理論與批評，大多羅列於斯。

41. 文學論　韋勒克 華倫 著　王夢鷗 許國衡 譯　志文

此書原題為「文學的理論與文學研究方法論」，旨在將文學理論與價值評判融合於文學史與文學作品之研究中，以建立所謂「文學的學問」。全書共分四編、十九章，組織緜密，內容詳贍，為文學理論方面精深傑出之譯著。

42. 藝術的奧秘　姚一葦撰　開明

文學亦為廣義之藝術作品，此書旨在探討藝術之本質，發掘藝術內在之奧秘。全書運用西方藝術理論，談鑑賞、想像、模擬、象徵、對比、和諧、風格、境界、批評諸問題，頗具獨特之見解，且能將理論與實際相結合，可應用於文學之研究與創作。

43. 文藝心理學　朱光潛撰　開明

此為研究文學理論之書籍，內容多屬美學範圍，美學為哲學之分支，而本書頗能撇開一切哲學之成見，將文藝之創作與欣賞當作心理事實研究，並從事實中歸納出可適用於文藝批評之原理。大致自心理學觀點論文藝，故稱文藝心理學。

44. 修辭學　黃慶萱撰　三民

修辭學成為一種專門而有系統之學問，乃晚近由西方傳入日本，再由日本傳入我國。近數十年來，修辭學專著雖陸續問世，然或材料寡少，或觀點偏頗。此書融合中西文藝理論，取材自古今文學作品，尤以現代文藝爲主，將修辭學之領域大爲開拓，極有助於文學寫作。

叁、目錄學要義

一、目錄與目錄學釋義

古人著述，未嘗自立篇目，後人編錄，始擿二三字爲一篇之眉目，如詩經、論語、莊子之類，關睢、學而、逍遙遊等，此之謂目，詳明次第記之，則謂之錄。故凡有多數之名目，且有一定次序之謂目錄。

有一書之目錄，有群書之目錄，前者謂之篇目，後者謂之書目。目錄之名始自漢鄭玄三禮目錄，漢書敍傳云：「爰著目錄，略述洪烈，述藝文志第十。」蓋班固因劉向所別九流，藉以著目錄而爲藝文志也。此卽群書之目錄。唐書藝文志有目錄類，其後目錄之名遂顯。

目錄之學至清代大爲昌盛，遂成專門學術矣。目錄學之名始見於清乾隆間王鳴盛之十七史商榷，古時與校讎學名實近似，不易辨別。蓋劉向校書始有別錄，其子歆種別群書，始著七略，如以現代分科觀點論之，則劉向之事近乎校讎學，劉歆之事近乎目錄學；縱使歆亦校書，向亦有目，要其精神各有所重，學術斷然分途，可無疑也。

姚名達目錄學一書，嘗定目錄學之意義曰：「目錄學者，將群書部次甲乙，條別異同，推闡大義，疏通倫類，將以辨章學術，考鏡源流，欲人卽類求書，因書硏學之專門學術也。」

二、劉向父子對目錄學之開闢

據漢書所載，西漢成帝時，光祿大夫劉向等奉詔典校秘書，向所校爲經傳、諸子、詩賦之類，另步兵校尉任宏校兵書，太史令尹咸校數術，侍醫李柱國校方技。

1劉向等典校秘書之義例

(1)廣羅異本：向等校書之先，廣泛搜羅異本，以相讎校，不拘一家，擇善而從。

(2)互相補充，除去重複：異本既備，篇章必有彼此重複者，簡策或有錯亂者，故次則整理錯亂，除去重複，相互補充，定著篇章。

(3)條別篇章，定著目次：古書每篇獨立，不相聯繫，既或無篇目，亦無一定次序，故次則將零篇散章，依類分篇，各標篇目，並編定其先後次序。

(4)讎校訛文脫簡、寫定正本：由讎校而發現訛文脫簡，即予訂補改正，而編寫成定本書籍。

(5)命定書名：秘閣所藏策書，或錯亂相糅，或本無書名，或性質相同而名稱雜出，如戰國策一書，本號或曰國策，或曰國事，或曰短長，或曰事語，或曰長書，或曰修書，向以爲戰國時游士輔所用之國，爲之策謀，故命爲戰國策是也。

2劉向等寫定敍錄之義例

校書既畢，紛亂無序之簡策，始固定爲有系統、有組織之書本，學者循序而讀，得以了解書本之內容，尋繹作者之思想，因而追溯學術之源流，推求學理之得失，至是書本之功用始顯。然群書羅列，繽紛滿目，選擇既難，尋考不易，遂有講求目錄學之必要。漢志載向等校書：「每一書已，向輒條其篇目，撮其指意，錄而奏之。」是爲敍錄，其義例如左：

(1)著錄書名與篇目：今存古籍，惟荀子目錄尚保存劉向原編狀態，卷末列全書篇目，篇目各有第一第二字樣（如勸學篇第一、修身篇第二）然後接寫「撮其指意」之文。

(2)敍述讎校之原委：凡版本之異同，篇數之多少，文字之訛謬，簡策之脫略，書名之異稱，與校書人之姓名，上書之年月等，無不備著於錄，使讀者得悉一書寫定之經過。

(3)介紹著者之生平與思想：每書必綜述著者生平梗概，語簡而意賅，如孫卿敍錄、管子敍錄，介紹著者，特爲詳盡，至於不知著者爲誰，則闕其疑焉。

(4)說明書名之含義、著書之原委及書之性質：如世本敍錄：「古史官明于古事者之所記也，錄黃帝已來，諸侯及卿大夫系謚名號凡十五篇，與左氏合也。」似此將一書主旨，扼要表出，使學者一望而知其書之性質，從而判別應讀與否。

(5)辨別書之眞僞：古書失傳，往往有僞本冒替；後人著作，有時亦依託古人。向等校書，已先見及此，如神農敍錄：「疑李悝及商君所說」，不信爲上古神農之書，使學者洞悉各書之眞僞，不爲僞書所欺。

(6)評論思想或史事之是非：向等校書，非特介紹著者之思想、書籍之內容而已，對思想之價値或其書所載史事，輒加以主觀之評論，如孫卿敍錄、賈誼敍錄即有評論其思想之語，而列子敍錄中，更分析多篇思想之異同，且指出其矛盾，尤爲書評之最佳模範。

(7)敍述學述源流：欲論一家思想之是非，非推究思想之淵源，以比較各家思想之同異不可，如列子敍錄云：「其學本于黃帝老子，號曰道家。」即是。

(8)判定書之價値：如管子敍錄云：「凡管子書，務富國安民，道約言要，可以曉合經義。」此即「錄而奏之」之辭，旨在對君主貢獻，故偏於政治，其結論雖未必全是，然於學者擇書，甚有助益。書既有錄，學者可一覽而得其旨歸，然後因錄以求書，因書而研究學術，既無茫然不知所從之苦，亦無浪費精神之弊，而目錄學遂由校讎學蛻化成另一學術矣！

3.別錄與七略之體制

梁阮孝緒七錄序云：「昔劉向校書，輒爲一錄，論其指歸，辨其訛謬，隨意奏上，皆載在本書。時又別集衆錄，謂之別錄，即今之別錄是也。」故所謂別錄者，不過將各書之敍錄另寫一份，集爲一

書，乃各書敘錄之總集也。（今不傳）

至劉歆七略，蓋摘取別錄以爲書，別錄較詳故名錄，七略較簡故名略，隋志著錄七略僅七卷，別錄則有二十卷之多，即其明證。

劉向別錄，未嘗分類編目，至劉歆七略，始行分類編目，漢書卷三十六載劉歆：「後領五經，卒父前業，乃集六藝群書，種別爲七略。」所謂「種別」，即依書之種類而分別之。

漢志又載：「歆於是總群書而奏其七略，故有輯略、有六藝略、有諸子略、有詩賦略、有兵書略、有數術略、有方技略。」而篇中所引僅有六略，而無輯略。由七錄序所謂：「其一篇即六篇之總最，故以輯略爲名」一語推之，可知輯略即六略之總序及總目，以總括六略，並非分別敘述各科學術源流之文。

考別錄、七略、漢志三者之關係，即別錄者，劉向等校書「論其指歸、辨其訛謬」之錄，別集而成者也。七略者，劉歆取別錄所載「總括群篇」、「撮其旨要」，「種別」而成者也。漢志者，班固取七略「刪其要」而成者也。班固對於七略祇下「刪其要」之工夫，縱有差異，亦不過「出幾家，入幾家」而已，故由漢志可想見七略之原狀；由戰國策、孫卿書等書敘錄，可以想見別錄之原狀。

4. 七略分類編目之義例

七略分爲七篇，當較一卷之漢志爲詳，據馬國翰、姚振宗所輯佚文可知，七略於每書皆有簡略之說明，性質與別錄同，惟較略耳。漢志既刪爲一篇，自不能保存其說明，故於毫無疑問、一般習知者不復注釋；僅於不甚著名之撰人、同名特異或依託之書，加以極簡括之注，以免混淆。故漢志可視爲七略之縮影，而可據以推定劉歆等分類編目之義例如下：

(1)依學術之性質分類：先將書籍分爲六藝、諸子、詩賦、兵書、數術、方技六略（即六類），每大類復分爲若干種（即小類），其系統如下：

六藝略分易、書、詩、禮、樂、春秋、論語、孝經、小學九種。

諸子略分儒、道、陰陽、法、名、墨、縱橫、雜、農、小說十種。

詩賦略分屈原等賦、陸賈等賦、孫卿等賦、雜賦、歌詩五種。

兵書略分兵權謀、兵形勢、兵陰陽、兵技巧四種。

數術略分天文、曆數、五行、蓍龜、雜占、刑法六種。

方技略分醫經、經方、房中、神仙四種。

(2)同類之書約略依時代先後爲序。

(3)書少不能成一類者，附入性質相近之類。

(4)學術性質相同者，再依思想之派別或體裁之歧異分類。

(5)一書可入兩類者，互見於兩類。

(6)一書中有一篇可入他類者，得裁篇別出。

(7)摘錄敍錄之綱要。

(8)有書目而無篇目。

(9)每種書目之後有小序，每略有總序。

三、歷代史志所載書目

歷代史籍頗有採取書目入志者，以其內容繁富，可備爲政爲學之參考，故得留傳千古，史志之見重於世，即由此也。唐天寶之亂，古書失傳者不少，故宋後學者欲知古書之名目，乃不得不求之於漢志、隋志。

1史志之源流

截時代而記書目，初不問其存佚，惟著重敘述學術源流者，其例創於東漢初班固之漢書藝文志，而晉末袁山松之後漢書藝文志繼之。唐初李延壽等撰五代史志，始改藝文志名經籍志，即隋書經籍志。五代、北宋先後撰唐書，並沿其例。南宋初鄭樵撰通志，更擴其範圍。元初馬端臨之文獻通考亦有經籍考，而包羅稍窄。元末修宋史，又稍稍宏之，以爲藝文志。明代焦竑師鄭樵之意，欲盡列古書於其國史經籍志。清初黃虞稷、倪燦上補遼、金、宋、元諸史之闕。後王鴻緒重修明史，只錄明人撰述，不及古籍。三通館所修續通志、續通考、清通志、清通考之類，僅夠錄四庫總目，不能廣羅萬有。晚近始有劉錦藻續清文獻通考，頗能收及四庫以後，雖不能備錄清人撰述，亦可望史志之殿軍。上述諸志，多附於史籍以行，蓋所謂史志也。史志出於修史者所爲，而修史者未必皆撰藝文志，即修之亦未必皆能完備，故後世每有補修者，自後漢三國而下，無代不有人爲之補志者。漢志、隋志以時代特古，宋末即有王應麟撰漢志考證。近代倣其例而考證拾補者亦不乏人，在目錄學史中，乃蔚爲補志、考志一派。

2 漢書藝文志及後人之研究

班固刪七略而爲藝文志，其體例蓋與七略無殊，即後人所最推尊之小序，有考鏡學術源流之作用者，亦爲七略之原文。漢志所記之書，全部皆七略之舊目，且所錄並非存書。自班固創此不問存亡、但問時代之例後，歷代史志並據前代秘書目錄隨意轉謄，既非盡收古來一切書目，又非當代確實保藏之物，而惟虛應故事，漫充篇幅而已。因其不明不備，故後世頗有爲之考證注解者。首爲宋末元初王應麟撰漢書藝文志考證，清姚振宗援其例而恢之，撰漢書藝文志拾補，以收集遺漏，得書達三百一十七部，又撰漢書藝文志條理，以圖恢復原狀，並詳加注釋。凡上古載籍之名目，後人研究之意見，廣搜條錄，殆已無遺。有此兩書，而後古書顯、漢志明，誠目錄學之絕作也。

3 隋書經籍志及後人之研究

今存古錄，除漢志外，厥推隋志。亦惟此二者皆有小序，自後諸志則不復繼述，故並見尊於世。所錄乃通記存亡，而非專錄見存者。其書原名五代史記，限於梁、陳、齊、周、隋五代，故凡此五代之官私目錄，皆在其包羅之內。各類小序，稍採漢志，接其後事，敍述各類學術之由來，頗具學術史性質。清乾、嘉間章宗源，光緒中姚振宗，各撰考證，廣徵古籍，以補其缺遺，且詳載各書之原委，學者便焉。宗源所輯僅存史部；振宗實仿其成規，而備引古史及異說，最爲淵博。在姚氏諸志中，尤最精不朽之作。別有張鵬一撰隋書經籍志補，楊守敬撰隋書經籍志補證等，並可參究。

4. 歷代史志之補撰

後漢經董卓之亂，古籍大半湮滅，故晉宋史家述後漢書者，多不著藝文志。袁山松後漢藝文志著錄或未完備，故宋宋王儉集今書爲七志，彌補前志之闕，通志古今，兼列存佚，雖屬單行，亦史志之流亞也。然袁、王之作，並已失傳，後人欲識後漢書目，舍隋志莫由。而隋志不能無遺，故近世多有補撰後漢書藝文志者。自乾隆初，已有厲鶚創之，其後繼起者有錢大明、洪飴孫、勞熲、侯康、顧櫰三，姚振宗、曾樸等共八家。厲、洪、勞書今並未見。錢志僅著書目，撰人最爲疏略。侯志較詳而非完璧，已無集部。顧志蓋未完之本，不如姚志之精詳，曾志亦不及姚。姚志所收，多達千種，倍於漢志，後漢著述，有可考者，殆無遺矣。

補志於近代相沿成風，故後漢外，治三國志者兩家，治晉志者五家，治南北朝志者三家，皆所以補隋志之闕遺者也，侯康之補三國藝文志僅成子部小說家以前，農家之後，有錄無書，集部則未見隻字，蓋未成或殘餘之書也。姚振宗之三國藝文志，著錄書至千一百二十二部，可見搜輯之勤。補晉書者五家，互有詳略異同。吳士鑑之作獨名經籍志，其文簡書多，有近史裁，丁國鈞則以創立黜僞、存疑二類；秦榮光則以輯錄典籍掌故源流；黃逢元則以各類皆撰小序；文廷式則以考證最精最詳，各有所長，互不相掩。著錄之書，文志有二千二百九十六部，黃志有一千二百八十八部，秦志有一千七百四十七部，丁志有一千七百五十四部，吳志則有二千一百二十六家，部數在此數之上。南北朝之補志，如徐崇補南北史藝文志，僅取材於南北史紀傳，所遺漏者多，故其書可視爲南史、北史紀傳所述書目彙錄。此外有聶崇岐補宋書藝文志，惟據隋唐諸錄，而不求之於宋齊各書，後無考證。陳述補南齊書藝文志，則頗仿王應麟漢志考證之例，與向來諸史補志者同一體裁，稍勝。（並見開明廿五史補編）遼金元三代略。師大國研所早期研究生有李雲光補梁書藝文志；楊壽彭補陳書藝文志；蒙傳銘補北齊書藝文志；賴炎元補魏書藝文志；王忠林補周書藝文志。並見集刊創刊號。

四、專科目錄及特種目錄

1 專科目錄

學者欲通曉古今，乃各就其本科目錄作澈底之研究，遂形成專科目錄，逐漸脫離藏書目錄而獨立。諸如：

(1)經解目錄：如清初朱彝尊著經義考，以書名爲綱，先記歷代目錄所著卷數、著者、或注疏者之姓名，分別注明存、佚、闕、未見，然後鈔錄原書序跋，古今著作論及或述及該書之語，依時代爲次。使讀者一讀而盡知古來各家對該書之意見，則該書之內容與價值自然明瞭。

(2)哲理目錄：如宋高似孫有子略，清黃以周有子敍，王仁俊有周秦諸子敍錄，胡韞玉有周秦諸子書目等。

(3)文學創作目錄：近代如王浣溪之中外文學精要書目；吳宓之西洋文學精要書目，錢基博之清代別集解題，張陳卿之文學論文索引，唐圭璋之全宋詞初編目錄，趙尊嶽之詞籍考、詞籍提要，饒宗頤亦有詞籍考，此專錄詞書目錄者。又如王靜安有曲錄，盧前有散曲書目，則專錄戲曲者。又如孫楷第之中外通俗小說書目提要，鄭明俐、隱地之近二十年中外短篇小說選集編目，則專錄小說書目者也。

2特種目錄

性質特別而不屬一科者，諸如：

(1)叢書目錄：如清顧修編彙刻書目，民國沈乾一編叢書書目彙編，金步瀛編叢書目錄索引，施廷鏞編叢書子目書名索引，楊家駱編叢書大辭典等。

(2)個人著作目錄：有著者自定者，有他人代撰者，如千頃堂書目中有明楊升菴著述目錄，清錢大昭可廬著述十種敍例等。至學者對先哲著作撰文考錄者，如清王昶之鄭氏書目考，趙萬里之王靜安先生著述目錄，劉盼遂之高郵王氏父子著述考等。

(3)善本書目：如錢謙益絳雲樓書目，錢曾讀書敏求記，黃丕烈求古居宋本書目，丁丙善本書室藏書志，今之中央圖書館善本書目等。

五、歷代重要目錄書舉隅

目錄之書，史志之外，尙有官修及私人藏書目錄，前者如崇文總目，宋王堯臣等奉敕撰。後者如劉宋王儉七志、梁阮孝緒七錄，今並不存，存者如宋晁公武郡齋讀書志，尤袤遂初堂書目，陳振孫直齋書錄解題等。

玆列舉歷代史志及公私藏書目錄之重要者如次：

漢書藝文志　漢、班固

隋書經籍志　唐、魏徵

經典釋文敍錄　唐、陸德明

舊唐書經籍志　後晉、劉煦
新唐書藝文志　宋、歐陽修
崇文總目　宋、王堯臣
郡齋讀書志　宋、晁公武
遂初堂書目　宋、尤袤
直齋書錄解題　宋、陳振孫
宋史藝文志　元、脫脫
明史藝文志　清、張廷玉
通志藝文略　宋、鄭樵
文獻通考經籍考　元、馬端臨
國史經籍志　明、焦竑
經義考　清、朱彝尊
清朝文獻通考　清、高宗敕撰
清朝續文獻通考　清、劉錦藻
四庫總目提要　清、永瑢等
四庫書目續編　民國、孫耀卿
書目答問及補正　清、張之洞　民國、范希曾
叢書子目書名索引　民國、施廷鏞
叢書大辭典　楊家駱
清代文集分類編目索引　北平圖書館編

叢書子目類編

國學論文索引　王重民

文學論文索引　張陳卿等

肆、版本學要義

一、版本學釋義

(一)稱本之始

書之稱本，始於漢劉向。劉向別錄云：「一人讀書，校其上下，得謬誤，爲校。一人持本、一人讀書，若怨家相對，爲讎。」這裏所謂持本，即持書本的意思。

(二)版本之稱

最早的書本，都是寫本，又叫舊本，寫本之外，還有碑本。宋張世南的遊宦紀聞，記永福縣羅漢寺篆書云：「余嘗見碑本，字勢夭矯，洒落奇妙。」，可證。碑本亦稱石本，現在亦叫拓本。自中唐發明雕版印書以後，又有版本的名稱。如：海岳題跋卷一云：「唐僧懷素自敍，杭州沈氏嘗刻板本。」，就是指印書說的。印本書由墨印成，故又稱墨本。

(三)何謂善本

錢塘丁氏善本書室藏書志編輯條例，列擧四點：「一曰『舊刻』：宋元遺刋，日遠日鮮，幸傳至今，固宜球圖視之。二曰『精本』：朱氏一朝，自萬曆後，剞劂固屬草草；然近溯嘉靖以前，刻本多翻宋槧；正統、成化，刻印尤精。足本孤本，所在皆是。今搜集自洪武迄嘉靖，萃其遺帙，擇其最佳者，甄別而取之，萬曆以後，間附數部，要皆雕刻既工，世鮮傳本者，始行入錄。三曰『舊抄』：前明姑蘇叢書堂吳氏、四明天一閣范氏，二家之書，半係抄本。至國朝小山堂趙氏，知不足齋鮑氏、振綺堂汪氏，多影抄宋元精本，筆墨精妙，遠過明抄。寒家所藏，將及萬卷，擇其尤異，始著於編。四曰『舊校』：校勘之學，至乾嘉而極精。出仁和盧抱經、吳縣黃蕘圃、陽湖孫星衍之手著，尤校讎精審，朱墨爛然，爲藝林至寶。補脫文，正誤字，有功於後學不淺。」

(四)版本學的定義

考察書籍撰寫傳抄雕版印行的源流，鑒別書籍的版式、行款、字體、刀法、紙張墨色、刻工、諱字以及裝潢式樣，以爲學者判斷成書時地，辨別版本優劣之依據。此種學問之探求，曰版本學。

(五)研究版本學的目的

高仲華先生中國版本學發凡，曾列舉四點：玆據以說明於下：

1讀書必須具善本：

以禮記正義爲例，清乾隆間，惠棟以吳中吳泰來家所藏七十卷之本，校汲古閣本。發現汲古閣本譌字四千七百零四；脫字一千一百四十五；闕文二千二百十七；文字異者二千六百二十五；羨文九百七十一。總計譌脫闕異羨文，共一萬一千六百六十二字。這種本子，如何能讀！

2校書必須備善本：

盧文弨云：「書之所以貴舊本者，非謂其概無一譌也。即如九經小字本，吾見南宋本已不如北宋本，明之錫山秦氏本又不如南宋本，今之翻刻秦本者更不及焉。以斯知舊本之可貴也。」因此校書若據晚出之本，往往浪費精力，而多錯誤。俞樾諸子平議嘗引淮南子時則篇：「草木早落，國乃有恐。

」而加以罕議云：「月令作『草木蚤落』，呂氏春秋作『草木早落』，此旱字卽早之誤。」其實，俞樾所據淮南子爲清莊逵吉本，獨有此誤；淮南子北宋本及其他本皆作「早」。這是校書未備善本所致。

3. 刊書必須擇善本：

高先生云：「古書傳抄或傳刻，脫文譌字，勢所難免。如劉勰文心雕龍，元代一刻，明代弘治一刻，嘉靖三刻，萬曆一刻，其中隱秀一篇皆缺，明錢允治得宋本，方爲補足。……如此之類，不勝枚擧。可知刊書而不擇善本，則謬種流傳，貽誤學者；若遇當行名家，則必見譏笑矣。」

4. 藏書必須識善本：

高先生云：「藏書所以便閱讀，讀書既須具『善本』，則司典藏者卽必須識『善本』。清初孫慶增著藏書紀要，詳論購書之法與藏書之宜，而於宋刻名抄，何者爲精，何者爲劣，指陳得失，言之尤精。惟孫氏之時，距元明尚近，流寇之亂，未遍東南，甲乙鼎革之交，名山故家所藏，亦未全遭蹂躪。自洪楊之役後，江浙文物之會，圖籍蕩焉無存，好事者相與收拾於刼燹之餘，有用之書猶幸多存副本。然疊經喪亂，以至今日，版刻多燬，印本漸稀。私人藏弄，力漸不逮。善本珍籍，多入公藏。然司典藏者，大都略知目錄，而不辨版本。於是『善本』有湮沒之危，而讀者增搜求之苦。葉德輝著藏書十約，於『購置』之後，卽繼之以『鑒別』，豈非有見而云然哉？又云：「抑尤有進者，自宋元舊本日希，收藏家爭相寶貴，於是坊估射利，往往作僞欺人，變幻莫測。總之，不出以明翻宋元版剜補改換之一途，或抽去重刊書序，或改補校刊姓名，或僞造收藏家圖記，鈐滿卷中，或移綴眞本跋尾題籤掩其贋跡。如不明識版本之情僞者，必將爲其所欺，以是益知藏書之必須識善本也。」

二、未有版本之前的書册形態

(一)甲骨編册

今文尚書多士：「惟殷先人，有册有典。」說文：「册，符命也，諸侯進受於王者也。象其札一長一短，中有二編之形。凡册之屬皆从册。笧，古文册，从竹。」

說文：「典，五帝之書也，从册在丌上，尊閣之也。莊都說：『典，大册也。』𥫔，古文典，从竹。」

中央研究院在民國十七年，發掘河南安陽縣小屯村殷墟遺址，發現有獨立的儲積甲骨的穴窖。其中如第三十六坑，儲有整齊的全年甲骨卜辭，毫無殘缺，足證當時典藏已有法則。董作賓氏即以藏骨坑位為甲骨斷代的重要依據。又甲骨上並有貫韋編册之孔。表面之一甲有「册入」之文，即「卷六」。可見殷代確有典册了。

(二)周秦兩漢的簡册

墨子明鬼篇：「故書之竹帛，傳遺後世子孫。」又兼愛篇下，所言略同。

禮記中庸篇：「文武之政，布在方策。」鄭玄注：「方，版也。」

儀禮聘禮篇：「百名以上書於策，不及百名書於方。」蓋簡策可任意編集，故篇幅長者用之；方版以片為單位，不滿百字者，則一版可以容之也。

論衡量知篇：「截竹為筒、破以為牒、加筆墨之蹟，乃成文字。大者為經、小者為傳記。」要而言之，簡書有二尺四寸、一尺二寸、八寸三種。重要經籍用長簡、傳記諸子用短簡。

西晉太康二年（西元二八一年）汲郡魏墓出土了戰國晚期竹書。其中「紀年」一書雖有殘缺，但至今成爲研究先秦史的重要資料。

長沙馬王堆出土的竹簡孫臏兵法，計二三二枚，每枚長二七．六公分，寬〇．五至〇．九公分，厚〇．一至〇．二公分。簡上文字爲隸書，用毛筆醮墨書寫，爲秦漢之際的遺物。

甘肅武威漢墓出土了九篇儀禮，一篇寫于竹簡，八篇寫于木簡，竹爲毛竹與慈竹；木爲雲杉。甲本木簡長五六公分（二尺四），寬〇．七五公分，厚〇．二八公分。乙本長五〇．五公分，寬〇．五公分。丙本竹簡殘壞折斷，而多卷曲，無一完整。綴合度之，約長五六．五公分，寬〇．九公分。三本都是王莽時代經師的遺物。（參閱附錄三，書影十八）

民國初年在居延發現漢簡，以棗木爲材料，少數爲竹簡，以麻繩爲編。內容多邊戍烽隧亭障的文書。

以竹爲簡，首先要把青竹烤乾，烤時竹汁流出如汗，所以叫作「汗簡」，又叫「殺青」，是收取青竹之汁的意思。書寫用筆，錯即削去其字重寫，史記言孔子作春秋，「筆則筆，削則削」，就指書寫和修改而言。竹簡若干條成一單元，編聯成册。綸繩用青絲或皮韋，至少二道，最多五道。史記說孔子讀易「韋編三絕」，就指簡册的綸繩斷了三次。綸斷重編，有時會漏了竹簡，這叫「脫簡」；有時簡的次序擺錯了，這叫「錯簡」。爲了避免脫簡和錯簡，要在每簡下端寫明簡數，這是以後書頁的起源。簡篇不讀時要捲起來，因此叫「卷」。捲時，篇末先捲在內，篇首後捲在外，爲了不必開卷就知道此卷內容，因此在第二簡的背面，要寫明篇名，如「士相見之禮」，第一簡的背面，要寫明篇次，如「第三」。

(三)戰國秦漢的帛書

墨子贋言「竹帛」。古代北方產竹木，而帛價昂，故簡書流傳，遠多於帛書。帛寬約漢尺二尺二寸，長四丈。

抗戰時在長沙戰國墓出土的「楚繒書」，放置的方法是「摺」，不是「卷」。

近年發現的「帛書老子」，有兩種寫本。一本字體在篆隸之間，不避漢高祖劉邦諱，抄寫年代可能在高祖時期（前二〇六－一九五年）。或是更早，稱爲小篆本。一本字體爲隸書，避邦字諱而不避惠帝劉盈諱，抄寫年代可能在惠帝或呂后時期（前一九四－一八〇年），稱爲隸書本。隸書木帛書通高四十八公分，折疊三十多層，放在漆盒內，出土時已沿折痕殘斷，全卷朱絲欄墨書；而小篆本則放在木片上，也是墨書。（參閱附錄三，書影十九）

(四)六朝卷子

用黃紙書寫，紙質堅厚。每行大抵十七字，每紙二十到三十行。一紙畢，續以另紙，以糊連接之。一紙既終，則以軸而捲之。紙以黃蘗汁浸染，謂之「裝潢」，蘗能避蠹。「黃卷青燈」本此。誤處以雌黃塗之，可以改寫。「信口雌黃」本此。外以細竹簾爲帙而裹卷軸。

今傳有敦煌發現六朝人寫莊子手卷。近石門圖書公司影印敦煌卷子六册。（參閱附錄三，書影二十）

(五)唐旋風裝

卷長數丈，舒卷不便，於是改爲摺疊式，如今之字帖，唐人謂之「葉子」，宋人稱爲「策子」，或稱旋風裝。宋以後專用於釋典，故又有梵夾本、經摺裝等名稱。今傳者有後漢隱帝乾祐二年（九四九）折疊本佛經。國立北平圖書館所藏之西夏文經典九十餘册，亦爲此種裝式。（參閱附錄三，書影

二十一）

三、刻版印書之前的刻字情形

(一)甲骨刻辭

今日所見吾國最早而最可信之文字，爲甲骨文。最早者，當殷武丁之時，在今三千二百餘年以前。甲骨文是殷王占卜之辭，率刻於龜甲牛骨，也有以朱書之而不刻，且有記事之辭，而刻諸牛頭、鹿頭乃至人頭等骨骼者，實今日所見吾國最早之刻字。（參閱附錄三，書影二十二）

(二)青銅刻鑄

青銅器如鼎、卣、斝、爵之屬，自殷代已有之，且間有簡短之銘辭，至周而銘識之刻鑄大盛。周初時之矢令彝，大小盂鼎，皆斐然成文。其後如毛公鼎文長達五百字，足抵周誥一篇；虢季子盤，以韻語紀功，無異毛詩之小雅。此類彝器，固不宜謂之書，然刻鑄成辭，實亦圖書雕板術之前身也。（參閱附錄三，書影二十三）

(三)石　刻

吾國石刻之興，亦遠在先秦，石鼓文其著者也。漢代以降，石刻尤夥。銘功誄墓之文，玆姑不論。其專刻經籍者，在漢有熹平石經，在魏有正始石經；唐玄宗天寶四載，刻石臺孝經；文宗開成二年，刻十二經；此儒家經典之刻也。（參閱附錄三，書影二十四）

傳搨之法，不知其所從始。就可考者，殆起於蕭梁。隋書經籍志小學類，著錄一字石經及三字石經，原注於每經之下，皆云「梁若干卷」者，乃梁時傳搨之墨本也。又隋志云：「後漢鐫刻七經，著於石碑，皆蔡邕所書。魏正始中，又立一字石經，相承以爲七經正字。後魏之末，齊神武執政，自洛陽徙於鄴都，行至河陽，値岸崩，遂沒於水。其得至鄴者，不盈太半。至隋開皇六年，又自鄴京載入長安，置於秘書內省，議欲補緝，立於國學，尋屬隋亂，事遂寢廢，營造之司，因用爲柱礎。貞觀初，秘書監臣始收聚之，十不存一。其相承傳拓之本，猶在秘府」。此石刻之傳拓也。

(四)璽印

璽印之興雖古，而最初祇知鈐諸封泥，尙不知用朱鈐之紙帛，知鈐於紙帛之上，就今存之史料證之，蓋在晉時。

夫璽印鈐之於紙，及碑刻之以紙傳搨，其與雕板印書之術相去幾何？然而遲之又久，圖書始有刻本，亦足見此事發明之不易矣。（參閱附錄三，書影二十五）

四、版本之歷史

(一)雕版始於中唐

全唐文卷六百二十四馮宿請禁印時憲書疏云：「準勑禁斷印曆日版。（曆日，我們現在叫作日曆）。劍南兩川及淮南道，皆以板印曆日鬻於市，每歲司天台未奏頒下新曆，其印曆已滿天下，有乖敬授之道」。考馮宿於大和九年，出爲劍南東川節度使，檢校禮部尙書，此疏當在是年上。因考舊唐書文宗記，大和九年十二月丁丑「勑諸道府不得私置曆日版」，與宿此疏相應，以是知之，這是我國雕版印書最爲明確的材料。或據唐元稹白氏長慶集序「至於繕寫模勒衒賣於市井」，以爲唐穆宗長慶四年（八二四）元稹作序時已有人印白氏長慶集。但「模勒」只是「繕寫」方法之一，並非刻版，說不可從。

今存重要唐本：有倫敦不列顛博物館藏有唐懿宗咸通九年（西元八六八）四月十五日王玠刋印之金剛般若波羅蜜經，僖宗乾符四年（八七七）刻的曆書，及僖宗中和二年（西元八八二）劍南西川成都府懋賞家刻曆本。三者皆出敦煌石室，確然可信。此外，民國三十三年成都市內唐墓發見的，唐成都卞家刻的陀羅尼經咒。考成都稱府在肅宗至德二年，其印本當在咸通之前。（參閱附錄三，書影二十六、二十七）

(二)五代刻本

1. 後唐長興三年（六三二）二月辛未中書奏請依石經文字刻九經印版，從之。
2. 後周顯德二年（九五五）尹拙校刋經典釋文。
3. 蜀母昭裔印九經、文選、初學記、白氏六帖。
4. 後唐晉漢周時，和凝自著自刻自篆。除自著集外，更有顏氏家訓。

今存五代版本有：唐韻、切韻二書，在敦煌發現，皆細書小板，現藏巴黎圖書館；天福十五年（九五〇）刻的金剛經，亦存巴黎圖書館。

民國十三年八月二十七日杭州雷峯塔忽然倒塌，發現經卷，乃吳越國王錢俶刻的陀羅尼經，時在宋太祖開寶八年。論時代，已入宋朝，而其時錢氏猶未納土，視作五代刋物亦可。

(三)宋代刻本

1. 宋本書的分類

(1) 官刻本

以國子監本最好，校讐極爲精細，凡一書校勘既畢，送覆勘官，覆勘既畢，送主判管閣官，覆加點校，經過三道手續，可謂愼之又愼矣。此外有公使庫本、書院本等。（參閱附錄三，書影二十八、二十九）

(2)私刻本

兩宋私家刻書，據天祿琳瑯書目茶晏詩：以「趙韓陳岳廖余江」七家爲最。趙者，巨州守長沙趙淇；韓者，臨邛韓醇；陳者，陳解元起（陳氏應列坊刻）；岳者，岳珂；廖者，廖瑩中；余者，建安勤有堂余氏；汪乃新安汪綱。

(3)地方刻本

杭州刻的最精，蜀刻次之，建刻最下。

2宋本書的特徵

(1)版式

宋代初刻多白口單邊，後起的，都是上下單邊左右雙邊，四週雙邊的也有，南宋刻的黑口也有。版心上記字數，下記刻工姓名，書名在上魚尾下，卷末大名間一行，或三四行，卷末有記大小字總數的，有不記的。官刻本，大都在卷末記校勘人銜名，以左爲上。書之大名在首行下方，小名在上方，序文目錄和書中正文不分開，連接下去。（參閱附錄三，書影三十）

(2)行款

按舊本書刻，行字雖無一定之關係；然官府及各家所刻書，其行款亦往往各有其定式。如北宋單疏本（南宋覆本同）群經義疏，每半葉皆十五行。小字本正史，每半葉皆十四行，中字本者皆十行。蜀刻七史（今傳本是否蜀刻，尙待論定）半葉皆九行。宋浙東茶鹽司所刻諸經注疏皆八行，建刻注疏則十行。

(3)刻工

宋本書往往於版心下附著刻工姓名，就刻工姓名，相互參證；既知甲本之刻時刻地，則乙本亦可從而證知也。如四部叢刋本之廣韻，學者但知爲宋刻，而未詳其刻於何所。按寶禮堂宋本書錄，著有婺州唐宅所刻周禮鄭注十二卷，其書刻工沈亨、余竑兩人，廣韻亦有之。以此證之，則廣韻亦必孝宗時婺州所刻也。

(4) 字體

宋版字體有肥瘦兩種，瘦者學歐柳，張應文所謂「有歐柳筆法」，孫從添所謂「秀雅古勁」是也。肥者學顏，氣魄雄偉，而不笨拙，謝肇淛所謂「筆勢生動」是也。

(5) 墨色

宋刻書，墨色香淡，高濂所說「用墨稀薄」，即淡之謂也。張應文說「墨色青純」，亦是香淡之意。

(6) 紙色

黃蕘圃所謂「潔白厚紙」。宋世竹紙，簾紋很闊，一般是兩指寬，也有超過兩指的。明代竹紙，簾紋止一指寬，與宋紙全不相似。又宋刻有以已經用過的紙背面印的，因為皮紙厚實，反面可印，而且宋時皮紙兩面一樣光潔。這樣紙印的書，對我們鑒別宋板，大有幫助，如洪氏集驗方五卷，以淳熙七年官册紙背印刷；宋刻戰國策，紙背有寶慶字。今北平圖書館藏有宋聶崇義的三禮圖集註三十卷，宋淳熙二年鎮江府學刻本，公文紙印。

(7) 牌記

宋刻除官刋本外，私刻坊刻，多有牌記，亦叫墨圍，記刻書者堂名人名，年月或有或無，詳略不一。（參閱附錄三，書影三十一、三十二）

(8) 諱字

宋刻書，多有諱字，尤其是官刻本，避諱極嚴，坊刻每多忽略。宋太祖名匡胤，太宗名匡義，後更名炅，眞宗名恒，仁宗名禎，英宗名曙，英宗父濮安懿王名允讓，神宗名頊，哲宗名煦，徽宗名佶，欽宗名桓，這是北宋的諱字；南宋高宗名構，孝宗名眘，光宗名惇，寧宗名擴，理宗名昀，度宗名禥，恭帝名㬎，凡胤、炅、恒、禎、曙、讓、頊、煦、佶、桓、構、眘、惇、擴、昀、㬎諸字，皆須缺末筆，以示避皇帝諱，又上舉十七字之同音字謂之嫌名，亦須缺筆避諱。宋諱特別嚴格。又宋太祖的高祖父名朓，曾祖父名珽，祖父名敬，父名弘殷，凡朓、珽、敬、弘殷諸字，及嫌名，皆須缺筆。又有玄朗、軒轅諸字，及其嫌名，與上同例。玄朗爲趙氏始祖。（參閱附錄三，書影二十八）

(9) 裝潢

蝴蝶裝之興，當在刻本盛行之後，以每版爲一葉，版心在內，邊緣向外，此葉與彼葉之版心的背面，以糊連接，書衣以硬紙包夾。插架方式見書林雜誌38頁插圖。今傳有宋理宗景定元年（一二六〇）所刊文苑英華。蝴蝶裝的優點在不怕邊之磨損。而劣點在二分之一的機會翻到空白之背面。而且版心在中間，檢視篇題不便，故有書耳以著篇章之標題。又綾片：作用如字典之Guide，每卷第一葉有之，約$\frac{1}{4}$英寸大，以爲補救。（參閱附錄三，書影八）

3 活字版的發明

吾國以活字印書，始於宋慶曆間（西元一〇四一—一〇四八），前於西洋印刷之發明者，蓋四百年。西洋印刷術，始於十五世紀中葉之約翰谷騰堡，彼受吾國骨牌影響，而發明以活字印書。其試驗成功，在一四四五年，當明正統十年。吾國印刷，至是已有六百餘年之光輝歷史矣。宋慶曆中，畢昇造膠泥活字版。其法用膠泥刻字，薄如錢唇，每字爲一印，火燒令堅。先設一鐵板，其上以松脂臘和紙灰之類冒之，欲印則以一鐵範置鐵板上，乃密佈字印滿鐵範爲一版，持就火煬之，藥稍熔則以平版按其面，則字平如砥。常作二鐵板，一板印刷，一板佈字。此印者纔畢，則第二板已具。用訖，再火令藥熔，以手拂之，其印自落。說詳沈括夢溪筆談卷十八。按此乃吾國以活字印書之始也。葉郎園藏有韋蘇州集十卷，謂卽宋膠泥活字本；天祿琳琊書目後編，著有毛詩四卷，繆藝風藏有帝學八卷，皆題爲宋活字本；然否胥難遽定。要之，自北宋時卽有活字本，則固無疑義也。（參閱附錄三，書影三十三）

(四)遼刻本

遼刻的書，傳本極少。當宋太宗至道三年，卽遼聖宗統和十五年，有幽州僧行均，著龍龕手鏡成，那時遼國書禁甚嚴，「有將書傳入中國者，法皆死。」直至宋神宗熙寧時，才有人偸偸地傳入中國，爲傳欽之所得。後來蒲宗孟帥浙西時，乃取以鏤版，爲避宋太祖祖父嫌名，改鏡爲鑑，是書今有傳本。除此書外，未聞有他書傳入中國。遼刻大藏經，稱契丹藏，很有名。後高麗刻大藏經，卽由契丹藏出。今高麗藏尚有存者，根據高麗藏，亦可略知契丹藏的梗概。

(五)金刻本

金刻本流傳於世的比遼刻的多，因金人無禁書出國之律，金刻的中心地區止有平水縣一處，平水在今山西境內，據說其地當在今新絳縣境，地頗偏僻，兵事難以波及，故有坊刻行世。今傳者有壬辰重改證呂太尉經進莊子全解，蕭閑老人明秀集注等。（參閱附錄三，書影三十四）

(六)元刻本

元初刻書之事，由興文署掌握，其地方刻書，多由書院領其事，因元時州縣皆有學田，以供師生廩餼，餘款悉用以刻書，書院由山長主管。顧亭林謂書院刻書有三善：山長無所事，而勤於校讎，一也；不惜費，而工精，二也；板不儲官，而易印行，三也（日知錄）。刻書要校讎、要經費、要易於流通，三條件書院皆備，故其刻本頗精，爲後人所稱道。（參閱附錄三，書影三十五）

元刻本的特點有：

1.黑口。

2.用趙孟頫字體。

3.竹紙，比宋紙稍黑，皮紙則極薄而粗黃，但也有很好的。亦有以紙背印的，如增修互註禮部韻略，其印紙卽為元時戶口册，載有「湖州路某縣某人云，宋民戶，至元某年歸順」字樣。

4.元版書，明高濂斥之曰：「用墨穢濁」，其實也有好的，不可一概而論，如范文正公事迹，墨如點漆，可證。

5.元版書無諱字，此與宋刻不相同，也是不甚重要特點之一。

6.元代私刻坊刻，大都有牌記，此大有助於版本之審定；但翻本照樣刻牌記的也有，不可不注意。今傳有元至正五年（一三四五）江浙等處行中書省刻本金史，元大德三年（一二九九）廣信書院刻本稼軒長短句，元天曆三年（一三三〇）廣勤書堂刻本新刋王氏脈經，元至正（一三四一｜一三六七）余志安勤有堂刻本故唐律疏議等。又元刋本有用木活字者，又有朱墨套印本，中央圖書館藏有元刋本金剛般若波羅蜜經一卷，經文朱色，註語墨色，燦爛悅目。據其題跋，可斷為至正間資福寺所刋。

(七)明刻本

洪武、成化、弘治，承元風，多是黑口趙體字。不避諱，嘉靖時，常以宋本覆刻，多用歐顏字體，如蘇州黃金賢、黃周賢所刻書，天祿琳琊書目後編誤認為宋刻，雕鏤之精可知。

萬曆以後，多好改竄刪省古書，尤以建本為然，如金石錄後序題紹興二年壯月，壯月改為牡丹。（按八月為壯月，見爾雅）。蘇軾詩：詩如東野不言寒，書如西台差少骨，西台誤為西施。故人發「明人刻書而書亡」之歎。

官刻本由司禮監領其事，下設三廠。漢經廠，專刻本國四部書籍，番經廠所刻，當是佛經之類；

道經廠所刻，當是道藏。因此後人稱其所刻本爲經廠本。經廠本多是黑口、白紙、趙體字，很容易辨別，形式頗爲美觀，惜校讐不精，後人不甚重視。此外各部院，及南北國子監，亦有刻，而尤以南京國子監所刻的最多。（參閱附錄三，書影三十六）

地方刻本以蘇浙皖閩爲中心點，蘇常爲上，金陵次之，杭又次之，閩刻最下；萬曆以後，徽州、湖州，歙州名刻工輩出，可以與蘇常爭美。

明本用紙，嘉靖前多綿紙，萬曆後多竹紙，用墨佳者罕見。萬曆以後，多用煤和以麪粉，以代墨汁。

朱明一代，活字術最盛。最著者爲錫山華燧、華煜之會通館，及華堅、華鏡之蘭雪堂，其時當弘正年間。清康熙間，勅刻銅活字（非鑄而刻），初印曆算等書，繼印圖書集成。

明人套印書，最有意思的，是胡正言的箋譜、十竹齋畫譜二書，刻在明崇禎年間，都是五色套印，非常精美。其印刷法，有所謂「餖板」「拱花」；餖板者，是各個小塊板拼湊印的；拱花是凸板。這兩種板，都能分陰陽濃淡，印時用手指，不用刷。有用餖板不用拱花，如芥子園畫譜是也。

明初用包背裝，封面包在脊背，與蝴蝶裝同。惟板心向外爲異。蝴蝶裝只以糊黏而不以線釘；包背裝則先釘以線或紙捻，而後覆封面於其上。優點在古書之書名、卷數、葉數，皆著之版心，故版心向外，較易檢閱。明中葉之後用線裝，包背裝裹書脊，線裝不裹。包背裝只釘線或紙捻於封皮之內，線裝穿線於封皮之外。

(八)清刻本

1內府本

清內府刻書，以康雍乾三朝爲最盛，蓋校勘雕鏤既精，而又往往以特製之開化紙印行，使人賞心悅

目。其簡策之巨者，若圖書集成（銅活字）、十三經注疏、二十四史等書，皆付剞劂，此曠古所未有也。（參閱附錄三，書影三十七）

2.地方官刻本

清代初年官署刻書之風，稍遜於明。各地撫署、臬署、縣署及學署等雖有刻本，然為量不豐。嘉慶二十年阮文達在南昌府學所刻十三經註疏，其最著者也。

3.私家刻本

清代學風，既由空疎而轉入樸實。故私家刻書，或愼摹舊本，或廣羅秘笈，往往彙為叢書，傳之士林。蓋私家刻書之極盛時代也。零星散刻，姑置無論，其彙刻群書，卓然名世者，依時代分述如下：

(1)康熙時代：

納蘭成德之通志堂經解。

曹寅之楝亭十二種。

張士俊之澤存堂五種。

(2)乾嘉時代：

畢沅之經訓堂叢書。

孫星衍之平津館、岱南閣叢書。

孔繼涵之微波榭叢書。

李藻之貸園叢書。

吳騫之拜經樓叢書。

盧文弨之抱經堂叢書。

段玉裁之經韻樓叢書。
鮑廷博之知不足齋叢書。
黃丕烈之士禮居叢書。
阮元之文選樓叢書。
顏修之讀畫齋叢書。
李錫齡之惜陰軒叢書。
張海鵬之學津討源、墨海金壺、借月山房叢書。
錢熙祚之守山閣叢書。
伍崇曜之粵雅堂叢書。
潘仕誠之海山仙館叢書。
蔣光煦之涉聞梓舊、別下齋叢書。
(3) 同光時代：
潘祺蔭滂喜齋叢書、功順堂叢書。
姚覲元咫進齋叢書。
陸心源十萬卷樓叢書。
丁丙嘉惠堂叢書。
章壽康式訓堂叢書。
黎庶昌古逸叢書。
繆荃孫雲自在龕叢書。
劉世衍聚學軒叢書。

徐乃昌積學軒叢書。

4. 坊刻本

清代書坊刻書，漸趨冷落。明末時書坊最盛之蘇州、南京、杭州，在清初時刻書已少。洪楊亂後，惟南京尚多刻書之坊，清末鉛石印法興後，書業遂多集於上海。

五、圖書版本習用語釋要（自屈萬里、昌彼得二先生合著「圖書版本學要略」轉錄）

甲、版本類

書帕本　明時地方官吏，多刻書以贈顯貴。或京官奉使出差，回京時以一書一帕相餽贈，世謂之書帕本，其書率多訛誤不精。

邋遢本　宋刊九行本七史，至元明時板印模糊，時稱邋遢本，言其不整飭也。

巾箱本　謂卷帙狹小，便於攜帶之書。南史：「齊衡陽王鈞手自細書寫五經，部為一卷，置於巾箱中（袖珍本），以備遺忘。諸王聞而爭效，為巾箱五經」。至南宋書坊，遂以刻本之小者為巾箱本。後又有袖珍本之名，以其可藏之袖中也。

三朝本　南宋官刻各書書板，經元至明，入南京國子監。其板於元明間遞有修補，世稱三朝本。

監　本　謂宋明國子監所刻之書也。南監本謂明時南京國子監之刻本（包括三朝本言之）；北監本，則明時北京國子監之刻本也。

經廠本　明北京司禮監所刻之書，謂之經廠本。

官刻本　官府所刻之書也。如宋之監、院、司、庫及州、軍、郡、府、縣等，元之監、署及各路儒學、書院、醫院等；明之南北監及諸藩府等所刻書，皆其著者也。

建　本　謂建寧府（今福建建甌縣）及建陽縣（今仍曰建陽）書坊所刻之書也。宋元間兩處書坊極盛，各坊所刻之書，流傳至今者頗多。

麻沙本　謂建陽麻沙鎮書坊所刻之書。宋元間麻沙鎮書坊刋印書籍甚多，惟校勘不精。

書棚本　謂宋陳宅書籍舖所刻之書也。陳氏書坊在臨安府棚北大街，故云。或並伊家書籍舖等坊本言之。

坊刻本　書坊所刻之本也。

家刻本　謂著書人家中自刻之本也。

書塾本　宋時私家所刻之書，間題某氏書塾者，故名。

乙、行款類

邊　欄　謂板四週之墨線也（板內界格亦曰欄）。板四周但有一粗墨線者，曰單欄。粗線內又附以細墨線者，曰雙欄。也有左右雙線而上下單線者則曰左右雙欄。

板　匡　謂板四週之邊欄也。

板　口　書葉摺疊處謂之板口，板口正中有墨線者，曰黑口；無墨線者，曰白口。墨線粗者，曰大黑口；細者，曰小黑口。無墨線而正中刻字者，曰花口。

板　心　卽板口。

中　縫　板口之正中也。

象　鼻　板口上下兩端之界格，曰象鼻。

魚　尾　板口中間，作魚尾形者，謂之魚尾。僅一魚尾者，曰單魚尾，有二魚尾者，曰雙魚尾。其或至三四者，曰三魚尾、四魚尾。

書耳　邊欄外左上角或右上角附刻之小匡，曰書耳；亦曰耳格。

耳題　書耳中所題。或雖無書耳，而於左右邊欄之上角有所題記者，通曰耳題。

欄外題　邊欄外左下角或右下角附刻之題記，曰欄外題。

木記　序文後或目錄後，或各卷卷末，刻有圖記或牌記者（牌記亦曰墨圍）。圖記有作鐘、鼎、爵、鬲等形者。牌記多長方形，亦有作亞形或橢圓形者，又有無邊匡者。

墨等　又曰墨釘，亦曰等子，書中闕文處之墨塊也。

墨蓋子　墨等上刻有陰文字者。

白匡　書中闕文處有作空白方形墨匡（□）者，曰白匡。

墨圍　書中所刻之小墨匡也。匡中題簡單詞語，多為表示註疏或小標題等用者。

陰文　墨等上所刻之字，墨地白文者也。

書眉、板匡上端之餘紙也。

眉批　書眉中之批語也。

書腦　即書背，訂線之邊緣也。

書背　書冊之脊背也。

書根　書冊之下端也。

丙、紙墨裝訂類

烏絲欄　謂抄本界格之黑色者。

朱絲欄　謂抄本界格之紅色者。

套印　一書用二種或多種不同之黑色印刷者，曰套印；以其用套板所印也。

卷子本　謂橫幅可以卷束之本也。

梵夾本　一名「旋風葉」，又名「經摺裝」。以長條橫幅摺疊之（如今商店中所用摺子狀），成書冊狀，首尾加以封皮，可以循環翻閱者也。佛家經典，多取此式。

蝴蝶裝　反摺書葉，以板心抵書背，各葉以漿糊黏屬之，外裹以書皮作包背式者，曰蝴蝶裝。

包背裝　書葉正摺，以紙撚或線鑽訂，如今線裝書式；但書皮包裹書背如洋裝式者，謂之包背裝。

毛　裝　以紙撚裝訂，未經切裁之書，謂之毛裝。

襯　裝　書葉內另以紙襯之，或如原書葉大小，或較原書葉闊大者，謂之襯裝。一曰「活襯」，一曰「鑲襯裝」。俗又名「金鑲玉」或「袍套襯」。

書　品　書之品質也。指裝訂之優劣，紙質之精粗，以及書之大小或新舊等項而言。

伍、斠讎學要義

一、斠讎略說

「斠讎」是一門比斠篇籍文字之同異，以求恢復古書正確面目的學問。自有文字，即有斠讎。根據中央研究院所藏的殷虛甲骨，已發現有改刻的痕跡，這便是最早的斠讎工作。國語魯語閔馬父云：「昔正考父校商之名頌十二篇於周大師，以那爲首。」這條記載又見於詩商頌譜。孔穎達正義云：「言校者，宋之禮樂雖則亡散，猶有此詩之本，考父恐其舛謬，故就太師校之也。」據此，孔子七世祖正考父曾校「商頌」之舛謬，而定其篇次，以「那」爲首。此爲斠讎工作見於典籍記載之始，時當西元前六四〇年。公羊傳昭公十二年：「伯于陽者何？公子陽生也。子曰：我乃知之矣。」何休解詁：「子、謂孔子；乃，乃是歲也。時孔子年二十三，具知其事，後作春秋。案史記知公誤爲伯；子誤爲于；陽在，生刋滅闕。」公羊此條，可見孔子頗諳斠讎之道。其中「公」誤爲「伯」，屬聯想之誤；「子」誤爲「于」，屬形似而誤；「生」刋滅闕，則屬誤脫。孔門諸子，能以斠讎名者，則有子夏。呂氏春秋察傳篇：「子夏之晉，過衞，有讀史記者，曰：『晉師三豕涉河。』子夏曰：『非也；是己亥也。夫己與三相近；豕與亥相似。』至於晉而問之，則曰：『晉師己亥涉河也。』」亦知子夏於斠讎之既捷且精。斠讎的定義及其起源，大略如是。

春秋以降，古書一厄於秦火，再厄於王莽之亂，三厄於董卓之亂，四厄於五胡，五厄江陵焚書。加以增刪改乙的失眞，古籀篆隸草俗楷體的相亂，六朝隋唐寫本的不同，宋元明清刻本的各殊。所以古書離其本來面目遠甚。故讀古書，第一件事在恢復古書本來之面目，字句篇章之正確，然後才能欣賞古人的詞章，探究古書的義理，考證古代的行事。

二、斠讎的重要

甲、斠讎與詞章欣賞

詞章欣賞，要以原文不誤爲先決條件。我願以韓詩外傳「皐魚之泣」章中：「樹欲靜而風不止，子欲養而親不待。」二句爲例，加以說明。很明顯的，「樹欲盡而風不止」是一句譬喻。但是，它隱藏的意義是什麼？所謂「樹欲靜」是否指「子欲養」而言？所謂「風不止」是否指「親不待」而言？仔細想想，終感譬喻失義。爲了追原究本，先看今本韓詩外傳原文：

孔子行，聞哭聲甚悲。孔子曰：「驅！驅！前有賢者。」至則皐魚也。被褐擁鎌，哭於道傍。孔子辟車與之言曰：「子非有喪，何哭之悲也？」皐魚曰：「吾失之三矣：少而學，遊諸侯，以後吾親，失之一也；高尚吾志，間吾事君，失之二也；與友厚而小絕之，失之三矣！樹欲靜而風不止，子欲養而親不待也。往而不可得見者親也！吾請從此辭矣！」立槁而死。孔子曰：「弟子誡之，足以識矣！」於是門人辭歸而養親者十有三人。

今案：韓詩外傳「皐魚之泣」的故事，又見於說苑敬愼篇，及孔子家語致思篇。三書文字稍有不同：

韓詩外傳：

樹欲靜而風不止，子欲養而親不待，往而不可得見者親也。

說苑敬愼篇：

樹欲靜乎風不定；子欲養乎親不待。往而不來者，年也；不可得再見者，親也。

孔子家語致思篇：

樹欲靜而風不停；子欲養而親不待。往而不來者，年也；不可得見者，親也。

三處文字，相斠之下，就可發現韓詩外傳在「往而」下，脫去「不來者年也」五字。於是，「往而不來者，年也；不可得見者，親也。」竟合成「往而不可得見者親也」一句話了。

試把脫文補上，此數句的意思就十分明白的了：由於「年」之「往而不來」，所以皐魚有「樹欲靜而風不止」之歎；由於「親」之「不可得見」，所以皐魚有「子欲養而親不待」之泣。樹欲靜而風不止，意指：人雖希望長生不老，而時光却一去不停。所謂「樹」，實以喻「人」；所謂「風」，實以喻「時」。絕不是用來譬喻「子欲養而親不待的」。因此，「風樹」只能興起「遲暮」之感，却不能象徵「孝子」之悲。而唐白居易詩：「庶使孝子心，皆無風樹悲。」宋朱熹跋趙中丞行實：「趙公之孝謹醇篤，雖古人猶難之，三復其書，令人起敬，不勝霜露風木之悲」。都承襲韓詩外傳脫文之誤，錯用了「風樹」「風木」的典故。

如果古籍不經斠讎，而讀其有脫誤之文，如何能了解其詞章？更談不到欣賞了。

乙、斠讎與義理探求

義理探求，亦以斠讎爲先務。

茲舉論語學而篇「有子曰」章爲例：

有子曰：其爲人也孝弟，而好犯上者，鮮矣！不好犯上，而好作亂者，未之有也。君子務本，本立而道生。孝弟也者，其爲仁之本與？

末句「孝弟也者，其爲仁之本與」，群書治要所引，及日本足利本、津藩本、正平本皆作「孝弟也者，其仁之本與」，無「爲」字。有子的意思是：仁只是作人的道理；而孝弟正是作人道理的根本，所以孝弟就是仁的根本。「其爲仁之本與」的「爲」，是一個「繫詞」，義同今「是」字。古代判斷句的繫詞可省，所以或本作「其仁之本與」，省去「爲」字。

「仁」，是孔門倫理學說的重心。推其根本，則爲「孝弟」。孝弟可說是人類孝順父母、友愛兄弟的一種天性。存養此種天性，予以擴充，然後能老吾老以及人之老，幼吾幼以及人之幼。人類一切道德皆由此開出，而美滿的人際關係，亦由此而建立。所以孝經開宗明義卽曰：「夫孝，德之本也，教之所由生也。」論語「孝弟也者，其仁之本與」，正與孝經「夫孝德之本也」同義。

但是，我國今傳論語之本，如何晏集解本，朱子集注本，「其仁」都作「其爲仁」，「其」下多出一個「爲」字。朱注：「爲仁猶行仁」。於是，「孝弟」從「本體」的崇高地位，一降而成「行仁」的一種「手段」。其重要性也就一落千丈。朱子集注還引程頤的話：

程子曰：爲仁以孝弟爲本；論性，則以仁爲孝弟之本。或問孝爲仁之本，此是由孝弟可以至仁否？曰：非也，謂行仁自孝弟爲始，孝弟是仁之一事，謂行仁之本則可，謂是仁之本則不可。蓋仁，是性也；孝弟，是用也。性中則有箇仁義禮智四者而已，曷嘗有孝弟來。

程子强以「仁是性，孝弟是用」，而否認性中之有孝弟，就更支離破碎，與告子「義外」同病了。其後謝良佐謂孝弟非仁；陸九淵斥有子之言爲支離；王守仁謂仁只求於心，不必求諸父兄事物；種種謬說，都因多出一個「爲」字而起。假如能依古本，早作斠讎，知「爲」爲衍文，也就不會以辭害意，誤解了孔門的孝弟之大義了。

丙、斠讎與古書考證

古事的考證，更多賴斠讎。

以禮經的傳授而言，史記儒林列傳的記載是這樣的：

諸學者多言禮，而魯高堂生最本。禮固自孔子時，而其經不具。及至秦焚書，書散亡益多。於今獨有士禮，高堂生能言之。

是漢初傳禮者，爲魯人高堂生。

漢書儒林傳：

漢興，魯高堂生傳禮十七篇。

賈公彥「序周禮廢興」云：

禮經三百，威儀三千。及周之衰，諸侯將踰法度，惡其害己，滅去其籍。自孔子時而不具，至秦大壞。漢興，至高堂生博士傳十七篇。孝宣世，后倉最明禮。戴德、戴聖、慶普，皆其弟子，三家立于學官。

是高堂生曾爲博士。

但是，經義考卷一百三十引阮孝緒七錄云：

古經出魯淹中，其書周宗伯所掌，五禮威儀之事，有六十六篇。無敢傳者，後博士侍其生得十七篇。鄭注今之儀禮是也，餘篇皆亡。

則以傳儀禮十七篇者爲博士「侍其生」。於是傳禮十七篇的，有「高堂生博士」、「博士侍其生」兩種說法。

其實，歷史上並沒有「侍其生」其人。瀧川資言「史記會注考證」卷一百二十一引史記正義：

七錄云：後博士傳其書得十七篇。

七錄所謂「博士」者，即賈公彥所謂「高堂生博士」也；而「侍其生」爲「傳其書」之誤，草書「傳」字與「侍」形近，「書」字與「生」形近，所以致誤。清儒張金吾撰「兩漢五經博士考」，直以「

侍其生」爲西漢博士。博學如皮錫瑞，所作「經學通論」，也以侍其生曾傳儀禮，只是「侍其生不知何時人」。都因疏於斠讎而考證失實。

三、斠讎的方法

甲、選擇底本

1古本　書本越古越接近本來面目，中國雕版盛於宋代，所以宋本很受重視。宋本優點有四：⑴書寫不苟。⑵斠勘不苟。⑶雕刻不苟。⑷印刷不苟。

據晚出之本爲底本，其失有三：⑴往往有譌誤改竄而不知。⑵卽知其誤而加以校正，亦嫌辭費。⑶甚至因誤轉誤，去其本來面目愈遠。

2善本　今校本之善者，亦可爲底本。

乙、搜求輔本

以劉子集證爲例：可據涵芬樓影印道藏本爲底本。而以⑴敦煌殘卷。⑵海寧陳氏影印明舊合字本。⑶明沈津百家類纂本。（不全）⑷明潛庵（周子義）子彙本。⑸明程榮漢魏叢書本。⑹清王謨重刻漢魏叢書本。⑺清王灝刻畿輔叢書本。⑻湖北崇文書局刻百子全書本爲輔本。

輔本太少，每有顧此失彼，忽而未校之病。

丙、參證本書注疏

凡是古書有注，往往正文有誤，而可由未誤之注而推斷復其本來面目。如：劉子薦賢篇：「內薦不避子，外薦不避讎。」唐袁孝政注：「祁奚內擧其子，外擧讎人，故言：『內薦不避子，外薦不隱讎。』也。」案袁注之云，是所見本下避字作隱。史記晉世家亦云：「外薦不隱讎。」

丁、檢驗古注類書

丙條參證本書注疏，乃解決本書問題；此條參證古注類書，乃解決別種古書問題。古注類書是校正古書的寶庫，使校讎可多得佐證。

戊、佐認關係書

1凡一書無論其思想內容是否與某書相同。而有引用某書或直接因襲某書之文字，謂之直接關係書。
2凡一書無論其思想內容是否與某書相同，僅有相同之文字而非引用或直接因襲，謂之間接關係書。

關係書必須佐證之理由有三：⑴搜求至證。⑵增益旁證。⑶兩書互證。

四、有關斠讎的資料

首先，我介紹經史子集各方面精校的專書。在經方面，自然要推阮元的十三經注疏校勘記（南昌府學本十三經注疏附）爲最通行的巨著。此外，李富孫的易經異文釋、詩經異文釋、左傳異文釋、穀梁異文釋、公羊異文釋（均有續清經解本），兪樾的禮記異文箋（續清經解本），李國英的周禮異文考、陳新雄的春秋異文考（均見師大國文研究所集刊），也是易覓之書。在史方面，最著名者，當推錢大昕的二十二史考異，王鳴盛的十七史商榷，趙翼的二十二史劄記。此三書坊間影印本頗多，此外，張森楷的史記新校注（楊家駱先生刋本），王先謙的漢書補注、後漢書集解，盧弼的三國志集解，王士鑑的晉書斠注，亦屬精斠之作。在子方面，王先謙的荀子集解，戴望的管子校正，朱晴園的老子釋，王叔岷先生的莊子校釋，楊伯峻的列子集釋，陳奇猷的韓非子集釋，孫詒讓的墨子閒詁，吳毓江的墨子校注，楊樹達的淮南子證聞，于大成的淮南子校訂，許維遹的呂氏春秋集釋，黃暉的論衡校釋，左松超的說苑集證，楊勇的世說新語校箋，均值得推介。在集的方面，師大國文研究所集刊中頗多此類作品，茲不贅述。

在斠讎學專書方面，陳垣有校勘學釋例，擧五十例以明斠讎之法。胡樸安胡道靜合著有校讎學，上卷爲敍論，中卷爲學史，下卷爲方法。薛元卿有校讎學史，歷敍校讎學之發軔、建立、衰落、復興、鼎盛的經過。以上二書有商務人人文庫本。張舜徽的中國古代史籍校讀法，雖標「史籍」之名，但對整理古書有深入淺出的說明，今有地平線出版社影印本。王叔岷先生的斠讎學，分：釋名、探原、示要、申難、方法五章；爲中央研究院歷史語言研究所專刊之三十七，臺聯國風出版社在六十一年三月重刊。王先生致力斠讎數十年，積其豐富之經驗，而撰此書，自然十分精彩。

至於歷史學者的筆記，如：宋代有黃震的黃氏日鈔，沈括的夢溪筆談，洪邁的容齋隨筆，王應麟的困學紀聞。明代有王恕的石渠意見，楊愼的丹鉛總錄、丹鉛雜錄，顧炎武的日知錄。清代有閻若璩的潛丘劄記，盧文弨的鍾山雜記、群書拾補，嚴可均的鐵橋漫稿，梁玉繩的瞥記，桂馥的札樸，錢大昕的十駕齋養新錄，俞正燮的癸巳存稿、癸巳類稿，張文虎的舒藝堂隨筆，孫詒讓的札迻，也都名重士林，代表他們讀書斠讎的心得。

斠讎古書自然是十分枯燥的工作。不過，沒有斠讎，就沒有正確的古書，也就談不上詞章欣賞、義理探求、古事考據了。我們甚至可以說，斠讎是學習國文的基礎。至於在實際斠讎之中，培養出一種實事求是，追根究底的精神，那更是附帶的重大收穫了。

陸、附錄

附錄一 中華學術的體系

高明

中華學術，我們通常省稱爲「華學」（如張其昀先生所主持的中華學術院出版有華學月刊，民國五十七年八月在台北市曾召開過國際華學會議，就都稱爲「華學」）；外國人研究他，叫做 Sinology，我們通常又譯爲「漢學」（如周法高先生有漢學集），又或叫做「中國學」、「支那學」（如韓國有中國學會，日本有支那學報）；我們中國人又喜歡自稱爲「國學」（如章太炎先生曾在蘇州開辦過國學講習會，程發軔先生爲國立編譯館主編過一部六十年來之國學，而這兩年來孔孟學會和青年救國團合辦的這個暑期活動也叫做國學研究會）；其實，這些都是異名而同實，內容並沒有甚麼區別。凡是學術，都是經過研究與創造，而自成條理、自成體系的。我們從各種學術的體系裏，就能看出各種學術的特色。中華學術，是中華民族運用自己的智慧，研究、創造出來的，他自然也有一套自己的體系，和別的民族所創造的學術不同。我們要想了解他，就必須先認識他的體系，然後纔能知道他的特色在那裏；知道他的特色在那裏，然後再對他作進一步的研究，就不致茫無頭緒了。這就是我今天拿這個題目——中華學術的體系——來和大家談談的緣由。

爲著講說的方便，我先製一個「中華學術體系表」發給大家，以供參考。（見第一六〇頁）

講到中華學術的體系，我想首先介紹論語述而篇所載孔子的四句話，那就是：「志於道，據於德，依於仁，游於藝。」所謂「志於道」，我們可以說是中華學術的目標。「心之所之」叫做「志」，志就是心裏所期往的目標。宋代的大儒朱熹說：「道，是人倫日用之間所當行的。」（見論語述而集

註）這話雖然是不錯，但還不十分周密和圓到。周易繫辭傳說：「有天道焉，有人道焉，有地道焉。」所謂「天道」、「人道」、「地道」，其實止是一個「道」，這個「道」是宇宙間最高的眞理，宇宙間的一切——包括天、地、萬物和人——都應當遵循著他去行。這個「道」雖然說的是「天人合一」的自然律，但是他的重心仍然在「人」，人應當把握這個「道」，去適應天、地、萬物的變化，在人倫日用之間去踐履。中華學術研究的目標，就在追尋這個「道」，把握這個「道」，適應這個「道」、踐履這個「道」，所以孔子說「志於道」。所謂「據於德」，我們可以說是中華學術的基礎。「據」就是憑藉，任何建築物的輝煌結構都是憑藉於基礎，中華學術的輝煌結構則是憑藉於「德」，以「德」爲基礎的。「德者，得也。」（禮記樂記說）「外得於人，內得於己」，叫做「德」（見許愼說文）。人以天賦的心性，發而爲行爲；對外，使自己的行爲與他人相得，是「德行」；對內，使自己的行爲與自性相得，是「德性」。以這種「德行」與「德性」作基礎，去研究「人倫日用之間」的一切，自然能造福於人群。擴而充之，「與天、地合其德」（見周易文言），由「盡人之性」而「盡物之性」（說見禮記中庸），使天、地、萬物各得其所，又是可以增進人群的福利的。中華學術在這種基礎上進行研究與創造，所以孔子說「據於德」。所謂「依於仁」，我們可以說是中華學術的精神。「依」是依隨，影子依隨著形體，是無時不在，無處不在的；同樣，依隨著中華學術的研究，而無時不在，無處不在的，則是「仁」的精神。說文：「仁，親也；从人、从二。」這是說人與人在一起互相親愛，叫做「仁」。樊遲問「仁」，孔子說「愛人」（見論語顏淵篇）。愛人的人亦必爲人所愛；父母愛子女、子女亦必愛父母；兄姊愛弟妹，弟妹亦必愛兄姊；丈夫愛妻子，妻子亦必愛丈夫；領袖愛部屬，部屬亦必愛領袖；老師愛學生，學生亦必愛老師；交朋友也是一樣，你愛朋友，朋友也必愛你。人與人之間，果能大家相愛，在人群裏定必瀰漫著一種愛的氣氛；生活在這種氣氛裡，到處有溫暖，隨時有愉快，那是何等的幸福啊！中華學術便是發揮這種「愛人」的精神，要造成一個人人無

不相愛的幸福的社會、美滿的世界的，所以孔子說「依於仁」。所謂「游於藝」，我們可以說是中華學術的內涵。非沈浸在海裏，游來游去，不能知道海裏有些甚麼事物。同樣，非沈浸在中華學術（學術卽是孔子所說的「藝」）的淵海裏，游心放目，不能知道中華學術的內涵。孔子說這「游」字很微妙，「游」有自由自在、往來無礙、去尋索、去採取、去欣賞、去領會、去享受的意思，這正是一種「海闊隨魚躍、天空任鳥飛」的高遠境界。在這種境界中，去研究中華學術，纔能對中華學術的內涵有所認識，有所收穫。這決不是淺嘗卽止的、專走窄門的、盲從附和的、短視偏激的學人所能理解得到的。這個「游」字，實在是說盡了中華學術研究的態度和方法，我們決不能輕易的放過他。

至於中華學術的內涵，據清末大儒朱次琦（學者稱爲九江先生，他是康有爲、簡朝亮的老師）說，可分爲「考據之學」、「義理之學」、「經世之學」、「詞章之學」四種。他是就戴震、姚鼐、曾國藩等所分的三種，卽「考據之學」、「義理之學」、「詞章之學」（見曾國藩聖哲畫像記），再加上「經世之學」（見朱九江先生集），是很有見地的。

所謂「考據之學」，又稱「考證之學」，是一種考求眞象的學術，要考求眞象，必須要有充分的證據，站在客觀的立場，運用科學的方法，來從事於研究。「考據之學」又可歸納爲三類：一是考求文字眞象的學術，包括研究字形的「文字學」、研究字音的「聲韻學」、研究字義的「訓詁學」，而「文字學」又可分爲「普通文字學」（泛論字形的構造與變遷）、「古文字學」（專講秦、漢以前的古文字）、「俗文字學」（專講漢、魏迄今的俗文字）、「字樣學」（專講唐、宋以來的正體字）、「字書學」（專就彙集文字的字書來作研究，如研究說文的就叫「說文學」，研究玉篇的就叫「玉篇學」……之類），「聲韻學」又可分爲「普通聲韻學」（泛論字音的標注、分析與變遷）、「等韻學」（專講分析字音的韻圖一類的著述）、「古音學」（專講未有韻書以前的古聲、古韻與古調）、「韻書學」（專講切韻以來的各種韻書），「訓詁學」又可分爲「普通訓詁學」（泛論訓詁的意義、起因、用途、方式、條例、術語等）、「爾雅學」、「方言學」、「釋名學」、「語詞學」等。對於字形、字音、字義沒有正確的了解，就是不識字。不識字的人，如何能讀書？如何能寫作？所以考求文字的學術是研究一切學術的入門的學術。二是考求文籍眞象的學術，包括研究群書著錄的「目錄學」、研究群書版本的「版本學」、研究群書譌誤的「校勘學」、研究群書眞僞的「辨僞學」、研究佚書輯集的「輯佚學」，有了這些學術，書籍纔正確可讀。否則，面對著紛紜雜亂的書籍，學術研究將何從著手。三是考求文物眞象的學術，包括調查、發掘、整理、研究古蹟、古物的「考古學」，研究鐘鼎彝器、碑銘刻石的「金石學」，研究龜甲獸骨的「甲骨學」，研究漢、晉竹木簡策的「簡策學」，研究敦煌文獻的「敦煌學」，研究清宮、內閣大庫檔案的「庫檔學」。其中光緒二十四、五年間（西元一八九八至一八九九年）在河南安陽小屯開始出土的甲骨，可以考見殷代的文化；光緒三十四年（西元一九〇八年）開始發現的漢、晉簡策，居延的漢簡可以考見漢代的邊防與社會，武威的漢簡爲儀禮最早的傳本，尤有價值；光緒三十三年（西元一九〇七年）在敦煌千佛洞石室裡發現的藏書，是我國四庫書和佛經唐寫本的寶庫，而佛像與壁畫又都是我國中古時代藝術的菁華；光緒三十四年（西元一九〇八年）發現內閣大庫的舊檔，其後又發現清宮裡所藏的滿文大檔，研究中國近代史的都視爲最珍貴的第一手資料；因此，「甲骨學」、「簡策學」、「敦煌學」和「庫檔學」就成爲現代的顯學；這些考求文物的學術，供給我們研究學術最豐富而珍貴的資料，我們自然也不能予以忽視。

「義理之學」和「經世之學」是有密切的關係的。「義理之學」是「體」，「經世之學」是「用」。「體」是理論，「用」是實際；「體」是思想，「用」是施行。理論與實際、思想與施行是不能分開的。有「體」而無「用」，只是一些空洞的理論而不切於實際，只是一些虛幻的思想而不便於施行。有「用」而無「體」，只是一些紛亂的實際而沒有理論的指導，只是一些盲動的施行而沒有思想的主宰。總之，有「體」而無「用」，必然會流於玄虛；有「用」而無「體」；必然會困於紛擾。所以「體」、「用」是不能分開的，中華學術是有「用」的，是「體」、「用」兼備的。

「義理之學」是以思想的理論爲主的學術。中華學術的思想主流，是寄寓在「經學」裡面的。唐堯、虞舜、夏禹、商湯、周文王、周武王、周公以至孔子那些歷史上偉大人物的思想，都在周易、尙書、詩經、三禮（周禮、儀禮、禮記）、春秋（有左氏、公羊、穀梁三傳）這些經書裡面，研究這些經書的就是「周易學」、「尙書學」、「詩經學」、「三禮學」、「春秋學」。孔子集前聖的大成，他的言行和思想都記載在論語裡，孝經記載孔子與曾子的問答，研究這兩部書的就是「論語學」、「孝經學」。專門研究孔子思想的，又叫做「孔學」。孔子前後，適當周末春秋、戰國的時代，諸子百家競鳴；最著名的思想家，有儒家的孟子（軻）、荀子（況）、道家的老子（聃）、莊子（周）、墨家的墨子（翟）、法家的管子（仲）、韓子（非），名家的公孫子（龍），陰陽家的鄒子（衍）……等。秦、漢諸子，除了薈萃各家的呂不韋（有呂氏春秋）和劉安（有淮南子）外，大都屬於儒家，如董仲舒（有春秋繁露）、賈誼（有新書）、陸賈（有新語）、揚雄（有法言）、王符（有潛夫論）、桓譚（有新論）、王充（有論衡）……等。就都是孔子的信徒，這顯然是儒家思想已從諸子百家脫穎而出、定於一尊的緣故。漢末，天下大亂，民生疾苦，肯定人生的儒家思想被曹操等人大加破壞（見顧炎武日知錄卷十三兩漢風俗條），於是一般人的思想相率而逃於玄虛，玄談的風氣大盛；高級智識分子喜歡空談周易、老、莊的道理，號稱爲「三玄」，這就產生了魏、晉時代的「玄學」；民間則流行著濃厚的神仙思想，興起了「道教」；而否定人生的印度佛教，也就在這時候乘隙而入。不過佛教思想到了中國，受到我們傳統文化的影響，就遺棄了「小乘」而弘揚「大乘」，遺棄了「邊見」而弘揚「中觀」，發揮渡己渡人、普渡衆生的宏願，建立了「禪宗」、「密宗」、「淨土宗」、「三論宗」、「唯識宗」、「法華宗」、「華嚴宗」那些宗派，而形成了隋、唐時代「中國的佛學」的極盛，使「佛學」成爲中華學術的一部分。由於道教與佛教思想的激盪，使中華學術的主流思想——儒家思想——有了一個新的開展，那就是產生了宋、明的「理學」。到了清代，歐、美思想傳進了中國，與固有的儒、釋、道思想相激相盪，終於萬流歸滙於海，又爲中華學術所吸收，向創建「新儒學」、「新哲學」的道路邁進，於是章大炎的訄書、鄒容的革命軍、康有爲的大同書、譚嗣同的仁學相繼而出；而孫中山繼承堯、舜、禹、湯、文、武、周公、孔子以來一貫的道統，融會新知，倡導民族、民權、民生的思想，尤屬震撼人心，開創出一個新時代。

「經世之學」是以實際的施行爲主的學術。人類的生活與大自然息息相關，研究大自然，使人能適應他、運用他，這是現代所謂的「自然科學」。在中華學術裡，自然科學老早就有的，就如「天文學」，在尙書堯典裡，已有關於天文的正確的記載（故友董作賓先生據尙書堯典，以歲差定堯典所記天象，約距今四千餘年，正合於唐堯時代，以此證堯典記載天文的正確，見平廬文存卷一諸文）；史記裡有天官書，漢書裡有天文志，嗣後司馬彪的續漢書、房玄齡等的晉書、沈約的宋書、梁子顯的南齊書、魏徵等的隋書、劉昫等的舊唐書、歐陽修等的新唐書、薛居正等的舊五代史、托克托等的宋史、金史、宋濂等的元史、柯紹忞的新元史、張廷玉等的明史、趙爾巽等的清史稿就都有天文志，惟魏收的魏書叫做天象志、歐陽修的新五代史叫做司天考，由古到今對於天文有這樣詳細記載的，全世界上可說只有中國。尙書緯考靈曜的地動說，遠在哥白尼（Nicolas Copernicus 1473～1543）以前一千五百年就發明了，可見中國的天文學在世界上原是遙遙領先的。「地理學」現存的名著很多，尙書裡有禹貢，漢書裡有地理志，北朝有酈道元的水經注，唐有李吉甫的元和郡縣志，宋有樂史的太平寰宇記，明有徐繼畬的瀛寰志略，清有顧祖禹的讀史方輿紀要……眞是一時數說不盡；單是清人的地理著述，收入王錫祺小方壺齋輿地叢鈔的，就有一千二百種之多，可見「地理學」在中國的發達。中國過去認爲「算學以步天爲極功」（語見張之洞書目答問），所以把「曆法」和「數學」嘗合稱爲「曆算學」。相傳黃帝曾命容成造曆法，其後顓頊氏時更作新曆（並見世本佚文），始分一年爲十二月。

唐堯命義和，「朞三百有六旬有六日，以閏月定四時成歲」（見尙書堯典），奠定了中國曆法的基礎。夏曆又據堯曆而加以修正，商、周、秦相繼採用而稍有變更，大體夏以寅月爲正月，周以子月爲正月，秦以亥月爲正月。漢武帝修太初曆，與夏曆的內容大略相似。史書方面，自從史記有曆書後，正史大都有曆法的記載，只是名稱不同，有的叫「律曆志」（如漢書、續漢書、晉書、魏書、隋書、宋史），有的叫「曆志」（如宋書、舊唐書、新唐書、舊五代史、金史、新元史、明史），有的叫「歷象志」（如遼史），有的叫「時憲志」（如清史稿）。世界上對於曆法記載得最詳細的，沒有超過我們中國的了。最古的數學書，要數周髀算經，其次要數九章算術，這兩部書與孫子算經、海島算經、五曹算經、夏侯陽算經、張邱建算經、五經算術、緝古算經、數術記遺合稱「算經十書」，可說是唐以前數學書的總集。宋、元承唐代之後，數學更有進步，秦九韶撰數學九章，朱世傑撰四元玉鑑，尤爲有名。秦氏由正負開方術推廣到多乘方，與霍納法（Horner's Method）相似，而早於霍納法約五百年。朱氏對於多次方程式以及級數極有研究；把多位數除法簡化，編爲九歸除法，至今珠算還在使用。清代的屈曾發撰九數通考，可以說是集中國傳統算法的大成。明代徐光啓、李之藻傳入西算後，古算漸被取代，清初的王錫闡、梅文鼎兩大數學家猶是兼通古算與西算，至清末的李善蘭、華蘅芳兩大數學家就只知有西算了，相沿至今，除了一個李儼能談「中國算學史」外，幾乎沒有一個數學家知道中華民族對數學的貢獻了，這是令人十分歎惋的！過去中國學者常以「一物不知」爲恥，所以很注意「博物學」。孔子教人學詩，就說過要「多識於鳥獸草木之名」（見論語陽貨篇），後人治詩的就有專講「名物」的一派。這一派始於陸璣的毛詩草木鳥獸蟲魚疏，隋人有毛詩草蟲經（見徐堅初學記引）宋以後這一類的書就多了，最著名的要數宋蔡卞的毛詩名物解、明馮應京的六家詩名物疏、清陳大章的詩名物輯覽、徐鼎的毛詩名物圖說、俞樾的詩名物證古。爾雅書裏也有訓解名物的專篇，如釋草、釋木、釋蟲、釋魚、釋鳥、釋獸、釋畜等是，爾雅一派的訓詁書也就都有這一類的篇章。講各地名物的，有晉嵇含的南方草木狀、宋宋祁的益部方物略記、范成大的桂海虞衡志、明屠本畯的閩中海錯疏……等書。講一種名物的，有南朝宋戴凱之的竹譜、唐陸羽的茶經……等書。專講植物的，有明王象晉的群芳譜、清康熙敕撰的廣群芳譜，尤以吳其濬的植物名實圖考爲詳盡。其他如許愼的說文解字的一類字書，對於動、植、礦物也都有說明。「博物學」在中國，資料也是很豐富的。研究人群各種活動的學術，就是現代所謂的「社會科學」，在中華學術裏也佔有重要的地位。其中研究人群血統演進的，是「氏族學」，唐林寶的元和姓纂、宋王應麟的姓氏急就篇、鄭樵的通志氏族略、清錢大昕的元史氏族表、汪輝祖的史姓韻編是這一門學術的重要著述。研究人群活動業績的，是「史學」。如漢司馬遷的史記、班固的漢書……一類的紀傳體的史書，通常稱爲「正史」；如宋司馬光的資治通鑑、漢荀悅的漢紀……一類的史書，通常稱爲「編年史」；如宋袁樞的通鑑紀事本末、清馬驌的繹史……一類的史書，通常稱爲「紀事本末」；如逸周書、國語……一類的史書，通常稱爲「古史」；如漢劉珍的東觀漢紀、宋王偁的東都事略……一類的史書，通常稱爲「別史」；如晉皇甫謐的帝王世紀、宋羅泌的路史……一類的史書，通常稱爲「雜史」；如晉常璩的華陽國志、清吳廣成的西夏書事……一類的史書，通常稱爲「載記」；如清孫星衍等的孔子集語、鄭珍的鄭學錄……一類的史書，通常稱爲「史料」；而如唐劉知幾的史通、清章學誠的文史通義……一類的書，通常稱爲「史評」的，尤爲重要。中華民族的歷史最爲長久，中華民族的史書最爲豐富，中華民族的史學也是最值得研究的。研究人群戰爭的策略、技術、組織與器用的，是「兵學」。孫子兵法成爲世界兵學的寶典；這是舉世皆知的；這部書裏言簡而意賅，實在不是遠在其後的德國克勞塞維慈的戰爭原理所能趕得上的。孫子兵法以外，研究兵學的書還多得很，我們只看李浴日所輯集的中國兵學大系，就已經是洋洋大觀了；何況還有許多書是李氏沒有收進去的！即如宋陳傅良的歷代兵制、明戚繼光的練兵實紀、紀效新書，清胡林翼的讀書史兵略這幾部名著就不在其內。我們如果能夠把這些兵學著作加以整理闡述，在世界兵學研究上是必能放出萬丈光芒的。兵學是撥亂返治、扶正滅邪決不可少的學術，我們也是不能忽視的。研究人群組織與管理的，是「政治學」。這種資料在經、史、子、集裏是隨處都可以發現的，把中國的政治思想和制度那些資料作史的縱貫的整理，已有薩孟武、陶希聖、蕭公權、曾繁康諸先生；把中國的政治行爲和術略那些資料加以分析，作橫面的整理，則尚有待於後人的努力。研究人群社會秩序與安寧的維護的，是「刑法學」，現代叫做「法律學」，把中國的法律思想和制度作史的整理，已有陳顧遠、楊鴻烈、徐道鄰諸先生；但是把中國傳統的法律和德日法系、英美法系的法律作比較的研究，從而探討中國傳統法律的特色，作爲改革中國現代法律的參考，也還是有待於後人的努力的。研究政府財務處理的，是「財用學」，現代叫做「財政學」。大學裏說：「是故君子先愼乎德，有德此有人，有人此有土，有土此有財，有財此有用。德者本也，財者末也。」財用雖然是末，但是政府要爲人群做事，仍非財用不可。所以周官太宰「以九賦斂財賄」，「以九式均節財用」，而太府則掌財用的出納，以後各代也無不注意財用。大抵政府的收入，有田賦、力役、征榷（包括征商、鹽鐵、榷酤、榷茶、榷鑛冶以及山澤津渡的征斂等）、市糴、土貢等項的所得；而政府的支出，則有內政（如祭祀的消費、喪荒的救濟、治安的維護……等）、外交、教育、國防、經濟建設……等項。如何使財源豐富而不傷民生？如何使國務具舉而不損國力？必須從前人的經驗裏覓取教訓，我們在通典、通志、文獻通考以及續三通、清三通裏是不難找到那些資料的；只看我們怎樣的去整理，去運用了。研究國與國間交接的策略的，是「縱橫學」；在戰國時有「合縱」（即結合六國共同對抗秦的一種策略）、「連橫」（即使六國分別與秦連繫的一種策略），所以叫做「縱橫學」；這兩種策略互爭長短，所以又叫做「短長學」。記載戰國時這些策略的書，是戰國策：戰國策又名短長書。在戰國時運用「合縱」、「連橫」策略最成功的是蘇秦、張儀，相傳蘇秦、張儀的師傅是鬼谷子，鬼谷子那部書可能是最早講「縱橫學」的。雖然胡應麟的四部正譌、姚際恒的古今僞書考都懷疑這書是僞作，但這書有晉皇甫謐注、漢劉向說苑曾引鬼谷子，可見漢時已有這書，晉人曾爲作注，也算是一部古書了。後人專研「縱橫學」的，則以唐代的趙蕤爲最著名，他著有長短經。所謂「縱橫學」，就是現在的「外交學」，現代正是一個新的戰國時代，外交的肆應是十分重要的。如何吸收、運用前人的經驗於今日的國際壇坫，這是一個極爲重要的課題。研究人群傳遞生活經驗的，是「教育學」。中華民族自古以來就重視教育，契作司徒，「敬敷五教」（見尚書舜典），是中國歷史上第一個教育長官。「夏曰教，殷曰序，周曰庠，學則三代共之」（見孟子滕文公上），可見三代已有學校，孔子於王官失守以後，開私人授徒講學的風氣，是中國歷史上第一個教育大家。孟子繼承其後，以「得天下英才而教育之」爲樂。也是一個熱心於教育的人。秦代設立了以吏爲郎的教育制度，漢代立五經博士，獎勵經明行修的人，教育完全以儒家思想爲準。魏、晉以後，玄風大盛，史學和文學都很發達，雷次宗在南朝宋文帝時創立四學——即儒學、史學、玄學、文學，在教育制度上是一種革新，這是由倫理教育轉向智識教育的信號。隋時在國子寺（後改國子監，猶如今日的國立大學）裏設有書學、算學；唐時更設有律學，此外還有醫學和崇文館、弘文館，就更向智識教育邁進了。科舉制度也在這時建立起來，最初是量才取士，用意未始不佳；但到了明、清兩代，使智識分子專以八股文來獵取利祿，就弊病太大了！在宋、元、明、清四代幸而還有一種書院制度，由一些大儒主持，擔負起倫理教育的重任，使科舉制度的流毒得以減輕。到了清末，新式學校興起，完全注重智識教育，倫理教育已成「告朔之餼羊」，此所以人心大變，造成今日苦難的局面！這是我們應該深自惕厲與檢討的。研究人群生活規範的，是「禮俗學」。禮俗是積極的化導人不去爲非作歹，刑法是消極的制裁人去爲非作歹的，兩者相輔爲用，而禮俗是更重要的。孔子嘗說：「道之以政，齊之以刑，民免而無恥；道之以德，齊之以禮，有恥且格。」（見論語爲政篇）德化和禮治是培養人的羞恥心和自尊心的。有了羞恥心和自尊心的人，是決不會做妨害人群生活之事的，所以中華民族一向都注重禮俗。我們看正史裏通常有關於禮俗的記載，就可以知道禮俗和我們民族生活關係的密切。如史記八書，第一篇就是禮書；其後晉書、宋書、南齊書、魏書、宋史、遼史、金史、新元史、明史、清史稿都有禮志，漢書、新唐書、元史有禮樂志，後漢書、隋書、舊唐書都有禮儀志（後漢書中原缺，係劉昭取司馬彪續漢書補入）。他如九通、歷代會典以及各種類書裏都有禮俗的記載，而宋陳祥道的禮書、清江永的禮書綱目、徐乾學的五禮備考，秦蕙田的五禮通考、黃以周的禮書通故尤爲記載禮俗的淵藪。研究人群經濟生活的，是「食貨學」。尚書洪範已提出「食貨」爲治國的要政，漢書立食貨志，更爲後史所沿用（晉書、魏書、隋書、新舊唐書、宋史、遼史、金史、元史、新元史、明史、清史稿皆有食貨志）。管子裏有輕重篇，史記裏有平準書，所以此學又或稱爲「輕重學」、「平準學」，在現代就叫做「經濟學」。唐慶增是首先整理中國古代經濟思想的人，其次甘乃光有中國經濟思想小史，劉紹輔有中國經濟思想史；但寫中國史的，最著名的只有馬乘風，可惜他的書並未寫完成。把中華民族對於經濟生活的經驗，作縱貫的整理和橫剖的分析，俾對現代人的經濟生活有所貢獻，還是有待於我們去努力的。我們人群創造了許多技術，來促進、改良、維護我們的生活的，是「應用科學」。其中有關於衣食的，是「農桑學」。中華民族自神農、嫘祖以來，卽講求「農桑學」。漢書藝文志諸子略所列漢以前農家的書都已亡佚，現存最早的要算魏代賈思勰的齊民要術；此後，唐有陸龜蒙的耨耜經，宋有陳勇的農書、秦湛的蠶書，元有王禎的農書和官修的農桑輯要，明有徐光啓的農政全書，清有官修的授時通考等書，對歷代的農桑學還能看到大概的情形。這些是我們中華民族在農業社會裏㬪積起來的經驗，我們是不應忽視的。現代的農桑學雖然十分的進步，但是數典不能忘祖，前人的經驗仍是極爲珍貴的。農桑不能離開水利。夏禹以治水成功，在中國史乘上享到了大名；共工氏世爲治水的官；李冰父子在四川，以治水的績效，獲得了兩千年來的廟祀；「水利學」也是中國歷代所最講求的。我們看到鄭餘慶的行水金鑑、黎世序的續行水金鑑，對於中國水利的大勢，可以知道一些；再看各區域的水利專書，如歸有光的三吳水利錄、附澍的江蘇水利圖說、王鳳生的浙西水利備考、吳邦慶的畿輔河道水利叢書、方觀承的海塘通志以及治黃河、導淮水等書（如潘季馴的河防一覽、武同擧的淮系年表等），則對於黃河、長江、淮水下流、沿海一帶的水利，更可以瞭如指掌了。民國以來，中國的水利大家要推李儀祉了，他在陝西辦水利的成績是擧世聞名的，我們讀李儀祉全集，在中國水利學方面，會得到許多提示。研究人群健康的維護與疾病的治療的，是「醫藥學」。相傳神農嘗百草，藥學已經萌芽。黃帝內經載黃帝與歧伯問答，則爲醫學之始；其中素問論病理，直探根源；靈樞經講臨床，多存古法，今日世界上風行的針灸術，在這裏已有完美的敍述。秦越人撰難經，採擷內經的菁華，增入自己的創見，使醫學更建立了一個新的體系。漢代的張機著有傷寒論與金匱要略，不僅對傷寒作專精的研究，對其他雜症也都有療治的藥方，對婦科他也十分的注意；晉代皇甫謐有甲乙經，葛洪有肘後備急方都是醫學的要籍，而王叔和的脈經尤爲醫家診斷的圭臬。此後，南齊褚澄有褚氏遺書、唐孫思邈有千金要方，醫學仍在不斷的進步。我們現在看日本人所輯的皇漢醫學，眞可說是洋洋大觀！目前擧世都在注意我們傳統醫學，我們又如何能妄自菲薄而不加以研究？對於那些奇效驗方，我們應化驗、分析、複製、推廣，使全人類都享受我們中華民族智慧和仁慈的貢獻。研究人群在器用方面的成就，是「工藝學」。周禮考工記已有工藝的記載，明代宋應星的天工開物，對於五穀、飲食、衣服、裝飾、舟車、陶冶、洗染、燃料、武器、紙墨……等農工業原料、製造工具與方法，無不窮究本源，詳加敍述，並附有圖說，由此可見我中華民族過去的民生工藝的一斑。丁文江在民國十七年所寫的重印天工開物卷跋說：「三百年前，言農工業書如此其詳且備者，擧世界無之，蓋亦絕作也。」這決不是溢美的話。但是這書也有一個缺點，就是漏掉了漆工，可是明代黃成的髹飾錄可以彌補這個缺憾。髹飾錄是我國現存的唯一的漆工專著，前無古人，後無來者，也可以說是一部絕作！英國的科學家李約瑟以寫中國的科學與技術而聞名於世界，爲甚麼我們中國的科學家不能寫這書呢？我們應引以爲恥！我們如果能夠知恥，纔能於吸收外人的長處之時，同樣的發掘自己的長處，融會中外，而創造出更新的科學與技術，以傲視於世界。附帶的要說到中國的「術數學」：如揚雄的太玄經、司馬光的潛虛、邵雍的皇極經世書等是推衍氣數世運的，如李淳風的觀象玩占、瞿曇悉達的大唐開元占經、姚廣孝的天象玄機等是占候明變的，如郭璞的九天玄女青囊海角經、楊筠松的龍經、張洞玄的玉髓眞經等是相宅相墓的，如東方朔的靈棋經、焦延壽的易林、官應震的六壬統宗等是占卦卜課的，如陳摶的神相全編、萬民英的三命通會、陸位崇的麻衣先生人相編等是算命看相的，如劉基的滴天髓、黃汝和的諏擇秘典、張鳳翼的夢占類考是諏吉占夢的，這一類的書雖然都帶些迷信的色彩，但有些也含有哲理，有些則出於經驗，在人生日用方面曾發生過深遠微妙的影響；直到今日，這種影響並沒有完全消失。究竟這一類具有神秘感的術數之學，有多少科學價值？他滿足人群的是甚麼？他爲害人群的是甚麼？他對人群曾有過怎樣的作用？我們對他似乎也應該作一番客觀的檢討與評價。

「詞章之學」實在應該稱爲「文藝之學」，他包括有「文學」與「藝術」兩部門的學問。在「文學」部門裏，研究文章的體製和作法的，是「文章學」（包括古文、駢文以及語體的散文在內）；研究詞性、句類以及篇章的結構的，是「文法學」；研究修飾文辭，使其美妙的，是「修辭學」；研究詩的作品、作家、作法以及流變的，是「詩學」；研究詞（由詩演變出來的一種新的體裁，又或叫做「詩餘」）的作品、作家、作法以及流變的，是「詞學」；研究散曲（又或叫做「詞餘」，有「小令」、「套數」等）的作品、作家、作法以及流變的，是「散曲學」；研究戲劇（包括「戲文」、「雜劇」、「傳奇」、各種地方劇等戲曲以及現代的話劇等）的作品、作家、作法以及流變的，是「戲劇學」；研究小說（包括「筆記小說」、「通俗話本」、「章回小說」、西化小說等）的作品、作家、作法以及流變的，是「小說學」；研究文學思想、文學理論的，是「文學批評」（過去或稱爲「文史」、「文評」）。此外，還有一些特殊的文學研究，如研究佛經翻譯文學、寶卷、彈詞、鼓書以及變文……

等，我們在這裏不再一一列舉了。在「藝術」部門裏，研究聲音的音色和節奏美的，是「音樂學」；研究書法和繪畫的形象美的，是「書畫學」，研究動作的姿態和韻律美的，是「舞蹈學」，研究雕塑和建築的形象與結構美的，是「雕塑學」與「建築學」，他如刺繡、染織、陶瓷、冶鑄、髹漆……等工業製成品亦無不講求藝術的精美，我們在這裏也不再一一列舉了。

「考據之學」是接受智識的學術，是由外而內的。「詞章之學」是發抒情意的學術，是由內而外的。「義理之學」與「經世之學」雖有「體」、「用」之別，但都是造福人群的學術，是內外兼顧的。莊子天下篇提出學術的最高境界，就是要做到「內聖」、「外王」。有了「內聖」的修爲，纔能建立「外王」的事功；有了「外王」的事功，也纔能完成「內聖」的修爲；「體」、「用」是不能分開的，也是不能偏廢的。「內聖」是「修己」的極致，「外王」是「安人」的極致，「修己」、「安人」是孔子在答覆子路問君子的時候提出的，見論語憲問篇。「修己」也就是禮記大學裏所講的「明明德」，「安人」也就是禮記大學裏所講的「親民」（這是用的大學的古本，我覺得程、朱改爲「新民」不如古本好）。大學說：「大學之道，在明明德，在親民，在止於至善。」所謂「大學之道」的「道」，也就是「志於道」的「道」；所謂「在明明德」的「德」，也就是「據於德」的「德」；所謂「在親民」的「親民」，包涵三層意義，一是領袖親愛人民，二是人民親愛領袖，三是使人民相互親愛，都是表現的「依於仁」的精神；在大學裏所學習的，也就是「游於藝」所要獲得的，就是「明明德」、「親民」而「止於至善」。「明明德」而「止於至善」，就是「內聖」；「親民」而「止於至善」，就是「外王」。造福人群的學術，就是要想做到人人皆能「明明德」、「親民」而「止於至善」，實現「內聖、外王」的理想，這是我們中華民族最偉大的抱負。接受智識，必須要求所接受的智識是正確無訛的；我們可以說「接受智識之學」所追求的，是「止於至眞」。發抒情感，無論用文字、用聲音、用形象、用動作，都要美妙，纔能感染別人，爲別人所接受。「文學」、「藝術」是以美為生命的，我們可以說「發抒情意之學」所追求的，是「止於至美」。而「造福人群之學」，像我們上面所說的，是追求的「止於至善」。我們可以綜合起來說，中華學術是追求「眞」、「善」、「美」的極致的，是要達到「至眞」、「至善」、「至美」的境界的。

我們中華民族有這樣的學術遺產，既豐富，又偉大；我們中華民族的每一個人，尤其是智識分子，就應該珍惜他、愛護他，並進而發揚光大他，使他對這個道德漸歸於淪亡的人類社會，仇恨、猜忌瀰漫於人心的現實社會世界，能發生「撥亂返治」、「起死回生」的作用，引導全人類走向「至眞」、「至善」、「至美」的光明大道。我是這樣深切的期望著！

中華學術體系表

中華學術

- 目標（志於道）
- 基礎（據於德）
- 精神（依於仁）
- 內涵（游於藝）

考據之學（考證之學）
- 考文字之學（包括文字學、聲韻學、訓詁學等）
- 考文籍之學（包括目錄學、版本學、校勘學、辨偽學、輯佚學等）
- 考文物之學（包括考古學、金石學、甲骨學、簡策學、敦煌學、庫檔學等）

→ 接受智識之學（由外而內）→ 止於至眞

義理之學（體）←→ **經世之學**（用）

義理之學（體）
- 經學、（包括周易、尚書、詩經、三禮、春秋等學）
- 子學、（包括儒、道、墨、法、名、陰陽……等家之學）
- 玄學（附道教思想）
- 佛學
- 理學
- 新哲學

經世之學（用）
- 自然科學（包括天文學、地理學、曆算學、博物學等）
- 社會科學（包括氏族學、史學、兵學、政治學、刑法學、財用學、縱橫學、教育學、禮俗學、食貨學等）
- 應用科學（包括農桑學、水利學、醫藥學、工藝學等）附術數學

→ 造福人群之學（兼內外）
- 內聖—修己—明明德
- 外王—安人—親民

→ 止於至善

詞章之學（文藝之學）
- 文學（包括文章學、文法學、修辭學、詩學、詞學、散曲學、戲劇學、小說學、文學批評等）
- 附藝術（包括音樂學、書畫學、舞蹈學、雕塑學等）

→ 發抒情意之學（由內而外）→ 止於至美

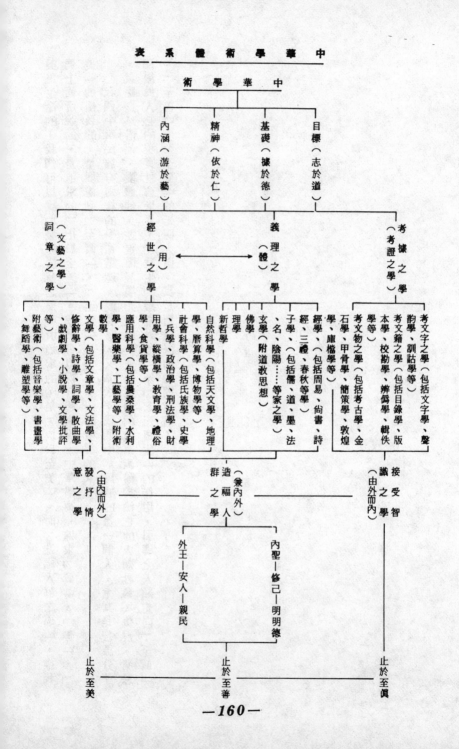

附錄二

國學的研究法

在民國六十六年國學研究會講

高　明

研究國學要懂得方法，不懂得方法，不僅「事倍而功半」，甚至「徒勞而無功」。古人有「皓首窮經」，直到咽了最後一口氣，還沒有一點成就的，多半由於不懂得研究的方法。研究國學是要切切實實地去做的，所以研究的方法也不是空空洞洞的一兩句口號就能概括得了的。可是前人運用過的研究方法，前人很少作過系統的敍述。我們要吸收前人在研究方法上的經驗，必須一點一滴地去搜集起來，組織成一個系統。然後在自己研究的時候，纔能夠隨意取求，得心應手；並且觸類旁通，更有創獲。這是一個艱巨的工作，但是值得我們去嘗試。這種嘗試，要立即求其圓滿，是不可能的。因此，我們現在講國學的研究法，只能說是「擧要」，不能說是「全備」。我只希望大家能「擧一隅而以三隅反」，不要以爲研究國學的研究法就盡止於此，這是我要特別聲明的。現在略擧國學的研究法如次：

（一）**明體系**——研究國學，先要曉得國學的體系。我在民國六十二年的國學研究會裏，曾經講過「中華學術的體系」，那篇講稿分別發表在孔孟月刊和中華學苑裏，大意是說，我國學術的目標是「志於道」，我國學術的基礎是「據於德」，我國學術的精神是「依於仁」，我國學術的內涵是「游於藝」。而所謂「藝」者，又可分爲考據之學、義理之學、經世之學、文藝之學；考據之學包括考文字之學（如文字學、聲韻學、訓詁學等）、考文籍之學（如目錄學、版本學、校勘學、辨僞學、輯佚學等）、考文物之學（如考古學、金石學、甲骨學、簡牘學、繒帛學、敦煌學、庫檔學等），義理之學包括經學（如周易學、尙書學、詩經學、三禮學、春秋三傳學、論語學、孝經學等）、子學（如儒家諸子學、道家諸子學、名家諸子學、法家諸子學、墨家子學、陰陽家子學、雜家諸子學等）、玄學（附道教思想）、佛學（如唯識學、三論學、淨土學、密學、禪學、法華學、華嚴學等）、理學（如濂學、洛學、關學、閩學、象山學、陽明學等）、新哲學等，經世之學包括自然科學（如天文學、地理學、曆算學、博物學等）、社會科學（如史學、兵學、政學、縱橫學、食貨學、教育學、禮俗學、財用學等）、應用科學（如農桑學、水利學、工藝學、醫藥學等），文藝之學包括文學（如文章學、文法學、修辭學、詩學、詞學、散曲學、戲劇學、小說學、文學批評學等）、藝術（如音樂學、舞蹈學、繪畫學、雕刻學、建築學、刺繡學等）。考據之學是接受知識之學，是由外而內的，所追求的是「止於至眞」。文藝之學是發抒情意之學，是由內而外的，所追求的是「止於至美」。義理之學爲體，經世之學爲用，都是造福人群之學；內而修己，外而安人；修己在明明德，安人在親民；明明德而止於至善，便是「內聖」；親民而止於至善，便是「外王」；「內聖」與「外王」都是「止於至善」的表現，這正是義理之學與經世之學所共同追求的。然義理之學、經世之學與考據之學、文藝之學相互間又有密切的關係，眞、善、美又是合爲一體的。知道我們中國學術的完整的體系，然後去從事於研究，纔能夠認清目標、確立基礎、把握精神，知道國學的大本大源之所在，纔不致各「以其有爲不可加」，各「得一察焉以自好」，而見笑於通儒。

（二）**立根基**——譬如建築房屋，根基不牢固，高樓大廈是不能建築起來的，研究國學也是一樣。沒有牢固的國學根基，而心雄志大，好高鶩遠，幻想建築起輝煌的國學殿堂，一定是徒勞無功的；萬一建築起來了，也經不了考驗，隨時是會傾毀的。怎樣纔能把國學的根基打牢固呢？這沒有什麼討巧的方法，只有下死工夫去圈點國學要籍、鈔寫國學要籍、熟誦國學要籍。所謂「國學要籍」，是指國學裏最要緊的書。元朝的程端禮在他的程氏家塾讀書分年日程裏，就曾開過一個書目；民國以來，梁任公、胡適之、錢基博、汪辟疆諸先生都曾開過書目。他們所開的書目，最少的（如梁任公的最低限度之必讀書目）也有三十部書左右，多的開有一百幾十部書，王雲五先生為商務印書館出了一套國學基本叢書，目錄裏就列了四百部書，以中國圖書的浩瀚，選出四百部為基本的書，誠然也不算多，但是讓現在的青年看來，恐怕要望而却步了。我曾經把他們所開的書目減縮為十部——那就是論語、孟子、荀子、禮記、左傳、史記、毛詩、昭明文選、文心雕龍、說文解字——這可說是眞的「最低限度的必讀書目」了。論語、孟子、荀子、禮記是中國哲學（也可說是義理之學）的基本書，左傳、史記是中國史學（也可說是經世之學）的基本書，毛詩、昭明文選、文心雕龍是中國文學（也可說是文藝之學）的基本書，說文解字是文字學（也可說是考據之學）的基本書。將論語的何晏集解、孟子的趙岐注、荀子的楊倞注、禮記的鄭玄注、左傳的杜預注、史記的三家注（裴駰集解、司馬貞索隱、張守節正義）、毛詩的毛亨傳與鄭玄箋、昭明文選的李善注、文心雕龍的黃叔琳注、說文解字的段玉裁注由頭到尾仔細地圈點一遍，國學的初步根基可算奠立起來了。現在研究國學的人，有的連這十部書都沒有瀏覽過，那能算是有根基？圈點一遍，一字一句不放鬆地讀下去，比瀏覽十遍所得的印象還深刻，這是奠立根基最好的方法。其實，圈點還不如抄寫，鈔寫還不如熟誦。鈔寫一遍，比圈點十遍的印象還深刻。顧炎武每天都鈔書（見他的鈔書自序），所以他能成為清代學術的開山祖師。至於最基本的書，最好能熟誦，曾國藩在他的家書裏告誡子弟們說：「溫舊書宜求熟，不背誦則易忘。」過去的讀書人，誰都能背誦四書五經，根基那樣好，研究而有成就的還不太多。現在研究國學的人，如果連一兩部最基本的國學書都沒有熟誦過，那還談什麼根基？那還想有什麼研究的成就？建築成什麼輝煌的學術殿堂，豈不是緣木而求魚？

（三）識途徑——譬如走入一個陌生的大都市，不認識途徑，就寸步難行，有時要借重這個都市的街道圖的，有時要請熟人帶路，纔不致盲目地摸索，浪費許多時間和精力。研究國學也是一樣，以國學範圍的廣博，國學資料的浩瀚，如果不認識途徑，只盲目地去摸索，可能終生走不出迷宮，毫無一點成就。怎樣纔能認識研究國學的途徑呢？第一要借重群書目錄的指引，第二要依靠名師益友的帶路。所謂「群書目錄」，是指史書裏的藝文志、經籍志、藝文略、經籍考，以及公私的藏書目錄，尤其重要的是一些提要式的目錄。這許多群書目錄的編纂，總不是胡亂地開一篇流水賬，而是經過一番苦心經營的，大抵是按著學術的性質分類，大類中又往往分出許多小類，一類之中又以時代的先後爲次。我們看到這些群書目錄，對於中國學術的類別和分合、各種學術的源流和變遷，就可以一目瞭然。卽如我們讀漢書藝文志，就可以知道我們中華民族由上古到漢代有些什麼學術，那些學術又有些什麼書籍。等到我們讀隋書經籍志，又可以知道由漢至隋那些學術衰微了，那些學術又新興起來了，那些書籍亡佚了，那些書籍又新寫出來了。我們再讀舊唐書經籍志、新唐書藝文志、宋史藝文志、明史藝文志以及宋鄭樵的通志藝文略、元馬端臨的文獻通考和宋、元、明、清各代的公私藏書目錄，我們對中國的學術流變和書籍情況更可有全盤地了解。尤其我們讀過像四庫全書總目提要那一類的目錄書，我們更可以知道，研究那一種學術，要讀那一些書，那一些書的內容是怎樣，我們就可以認識研究的途徑了。至於名師益友，會把他們研究國學的經驗告訴我們，讓我們知道研究經學要明家法，研究子學要明流別，研究史學要明因果，研究文學要明遷變，我們會少走許多冤枉路，無須自己去盲目地摸索，所以研究國學又貴乎有師承。只是投師必須投名師，若是投一個不識路的或是走錯路的師，那就終生受害了。

（四）**覓資料**——我們認識了研究國學的途徑，就可以選定了我們研究的方向。研究的方向既定，我們就應著手尋覓研究的資料。尋覓資料，自然要利用群書目錄。由於中國圖書資料的過於豐富，如果不能善用群書目錄，可能重要的資料沒有找到，而不重要的却找到一大堆。在群書目錄裏，專科目錄尤應善爲利用。卽如研究經學的，應懂得利用朱彝尊的經義考；研究小學（卽文字學）的，應懂得利用謝啓昆的小學考；研究佛學的，應懂得利用智旭的閱藏知津；研究道教的，應懂得利用張君房的雲笈七籤；研究子學、史學的，應懂得利用高似孫的子略、史略；研究楚辭的，應懂得利用姜亮夫的楚辭書目五種；研究詞學的，應懂得利用饒宗頤的詞籍考；研究小說的，應懂得利用孫楷第的中國通俗小說書目提要；研究戲曲的，應懂得利用黃文暘的曲海總目……如此之類的專科目錄甚多，只要善爲利用，尋找研究的資料，就有很多的方便。在現代，我們研究國學，對於新發現的一些資料也不應忽略。卽如在安陽發現的甲骨和古器物，研究古文字和殷代的歷史文化就必須要用到；在敦煌發現的南北朝和唐人的寫本、壁畫、雕刻以及其他的一些文物，研究中國經學、子學、文學、藝術，尤其中古時期的西北邊疆的歷史、地理、語文、宗教等，都必須要用到；在居延發現的漢簡，是研究漢代西北邊防、社會、政治、經濟最重要的資料；在武威發現的漢簡，是研究儀禮最重要的資料；在臨沂發現的漢簡，是研究兵法和戰國策最重要的資料；在長沙發現的帛書老子和一些古佚書（如伊尹九主、經法、十大經、稱、道原等），是研究古子書最重要的資料；對這些資料，我們也應該予以適當地注意和確切地探討，不可以把它們一筆抹殺，棄置不理。

（五）**研文字**——研究的資料，有些是實蹟和器物，但十之九是見於文字的。不認識文字，就不能運用那些資料，來從事於研究。有些文字載在古銅器上的，要用他就須通金文；有些文字載在龜甲獸骨上的，要用他就須通甲骨文；有些文字載在石刻上的（包括篆書、隸書、楷書、行書、草書等），要用他就須通大篆、小篆以及各體書；有些文字載在簡策、縑帛上的，多爲手寫的簡體字、俗體字，要用他就須通「俗文字」。要通金文、甲骨文、大篆，必須先通小篆，所以「古文字學」要以「說文學」爲基礎；要通隸、楷、行、草各體書的手頭字、簡體字、俗體字，必須先通定爲標準的正體字，所以「俗文字學」要以「字樣學」爲基礎；而講一般字形的構造和變遷的「普通文字學」，又是各種文字學（包括說文學、古文字學、字樣學、俗文字學等）的基礎。文字是兼具形、音、義的，三者不能缺一。只認識了字形，而不知道他的讀音和涵義，還不能算是認識這個字。字音隨著時代而變遷，有上古音（漢以前的音）、中古音（魏晉南北朝隋唐至宋的音）、近世音（元明清的音）、現代音（民國以來的音）的區別；字音又隨著地域而不同，有各種各色的方音。要了解上古音，就須研究「古音學」；要了解中古音和近世音，以有韻書可以稽考，就須研究「韻書學」；要了解現代音，就須研究「國音學」；要了解各地的方音，就須研究「方音學」；在韻書中唯有廣韻最能表現「南北是非、古今通塞」（陸法言切韻序中語），可據以上考漢以前的上古音和魏晉以至隋唐的中古音，下考元明清的近世音，也可據以考各地的方音，所以研究字音的「聲韻學」要以「廣韻學」爲基礎。無論研究那一個時代、那一個地域的字音，必須先知道字音的構造，分析字音的構造的是「等韻學」。字音是由語音來的，所以研究「聲韻學」又須先有一些「語音學」的基礎知識。而研究各種聲韻學（包括廣韻學、韻書學、古音學、國音學等）又都以講一般的字音結構和變遷的「普通聲韻學」爲基礎。文字的形與音，都是表達字義的。將古書上許多字義分類加以解釋的，是爾雅；將各地方的土話用通行的官話加以解釋的，是方言；從音與義的密切關係來解釋字義的，是釋名；研究爾雅、方言、釋名這一類書的，是「爾雅學」、「方言學」、「釋名學」。就古書的字句隨文釋義的，是傳注；研究傳注的，是「傳注學」。此外，專研名物的有「名物學」，專研語詞的有「語詞學」，專研俗諺、成語的有「俗諺學」、「成語學」。而這許多解釋字義的學術，又須以講一般的字義種類、解釋字義的方法和條例的「普通訓詁學」爲基礎。我們能夠正確地認識字的形、音、義，然後纔能讀通群書，進一步研究經、史、子、集各種學問。所以研究國學的人必須先通「小學」，所謂「小學」是指文字、聲韻、訓詁之學，是別於格、致、誠、正、修、齊、治、平——也就是內聖、外王——的「大學」而說的。

（六）**勤考訂**——對於研究的資料，除了認識其上的文字外，還要詳加考訂。首先我們要辨別那些資料的眞僞，如果我們根據假的資料去研究，那研究的成果自然是不可靠的。漢人已經注意到辨眞僞的工作，卽如張霸獻「百兩尙書」（就是比當時所傳聞的尙書百篇還多兩篇），那時就被人認出是僞造的了；班固寫漢書藝文志，在他的自注裏已辨明出許多僞書。唐人辨僞的話，大都見於張西堂所輯的唐人辨僞集語。宋人的辨僞風氣漸盛，如歐陽修有易童子問，鄭樵有詩辨妄，對於一向認爲神聖不可侵犯的經書，已開始懷疑其中有僞。明人宋濂的諸子辨、胡應麟的四部正譌，更擴大地辨別群書的眞僞。清代姚際恒有古今僞書考，崔述有考信錄，康有爲有新學僞經考都是辨僞的名家。民國以來，顧頡剛等輯古史辨，張心澂撰僞書通考，可說集辨僞的大成。可是辨僞要做得確當，若是把眞的也辨成是僞的，雖然也駭世震俗，就不足憑信了。辨眞僞以後，要繼之以校謬誤。許多古書經過展轉傳寫，不能無謬誤；經過展轉翻刻，又不能無謬誤。我們總不能依據謬誤的資料來作研究，所以又要做校勘的工作。周時正考父曾校商代的名頌十二篇於魯太師，可見校勘的工作早就有人做了。大規模校勘群書的，始於漢代的劉向、劉歆父子。宋鄭樵撰校讎略，纔建立起「校勘學」。清章學誠撰校讎通義，又對校勘學的理論加以闡述。清儒高郵王氏父子（念孫與引之）、盧文弨、兪樾、孫詒讓等，對於校勘古書，都有卓越的貢獻。民國以來，杜定友有校讎新義，胡樸安、胡道靜合著校讎學，向宗魯、王叔岷也各撰有校讎學，張舜徽又撰有廣校讎略，校勘學仍在繼續發展之中。中國的古書，經過政治上的禁燬，戰爭中的銷焚，天災的損失，藏書家的不善保藏，亡佚的不知有多少，這是中國文化最不幸的事，也是那些嘔心瀝血的作者死不瞑目的事。在那些亡佚的書中，不知道有多少可供研究的資料，因此輯遺佚的工作又是不容忽略的。宋代王應麟輯三家詩考、鄭玄易注、書注，已開輯佚的風氣。明孫瑴輯古微書，使讖緯之書復見於世。清人輯佚的成績尤爲輝煌，如馬國翰有玉函山房輯佚書，黃奭有黃氏逸書考，大規模輯集經、史、子三部的佚書；如嚴可均有全上古三代秦漢三國六朝文，則是大規模輯集集部的佚文；其他輯集一類的佚書、一派的佚書、一人的佚書以及一書的佚注的，還有很多，我們也不一一列舉了。只是清人並沒有將這輯遺佚的工作做完，繼續不斷地輯集遺佚，還有待於我們的努力。以上所說辨眞僞、校謬誤、輯遺佚這些考訂工作，都是於蒐覓研究資料以後應該做的。

（七）**探事理**——將研究資料考訂以後，進一步就應該根據那些資料，來探索事理。探索事理，首先要「知人」，其次要「論世」，然後再「究理」。一切事都是人做的，人爲什麼做那些事，與他的家世、才情、德性、學養、遭遇……等無不有關。從這許多方面去「知人」，就須作傳記、作年譜、作人表、作學案，來對於「人」作徹底地研究。凡人做事，一定各有其背景，背景不同，所做的也就不同。背景可從多方面去看，有歷史背景，有地理背景，有政治背景，有經濟背景，有文化背景……這許多背景造成了「環境」，而「環境」往往就限定了「人」的行爲動態和「事」的發展方面。所謂「環境」，就是孟子所謂「知人論世」的「世」。孟子說：「尚論古之人，頌其詩，讀其書，不知其人，可乎？是以論其世也，是尚友也。」（見孟子萬章篇下）探索事理，不能憑空去想，要在接受前人的經驗，前人的經驗遺留在詩、書那些資料之中；要「尚友古人」，接受經驗，有賴於「知人」；要「知人」，又有賴於「論世」；孟子給我們的提示，是十分明切的。我們接受前人的經驗，知道了「人」不同、「世」不同，就不會盲目地跟著走，而要去窮究那些道理。除去了「人」的特殊因素、「世」的特殊因素，那些道理應該是古今中外皆能通用的。窮究那些道理，應採下列各種步驟：一是發掘問題，二是擬定假設，三是搜尋證據，四是試爲駁議，五是愼下結論。採用這五種步驟，去窮究事理，所得到的事理應該是較爲可靠的。從無數的事理中，發掘問題來研究，要有敏銳的眼光、切實的需要。問題發掘出來了，就要假設出解決那問題的辦法；假設不可不大膽，不大膽，就不能提出了嶄新的想法，而窒塞了創造的機運；假設也不可不小心，不小心，就可能導引著走上了歧路，而浪費了寶貴的精力。有了假設，就要搜尋證據，來給予支持。沒有證據的假設，只是空想，證據薄弱的假設，很容易被推翻；惟有證據豐富而又確鑿的，纔足以取信於人。有利的證據，固然可以支持假設；而不利的駁議，也可以推翻假設。等到各種駁議都不能推翻那些證據和假設時，然後可以試下結論了；但下結論時，仍須謹慎，要盡量地求其周密，防有萬一的疏忽。這樣地去探索事理，庶幾可以寡過了。

（八）**尋悟解**——研究國學的人，探索「修己」、「安人」的事理，也就是追求「內聖」、「外王」的事理，貴能獲得悟解。要尋得悟解，須以歸納法求義例，須以綜合法提綱領，須以分析法闡精微，須以比較法別同異，須以貫通法明因果，須以譬喻法助點化，須以演繹法開境界……能用這些方法，去從事於研究，只要鍥而不捨，繼續不斷地努力，必能漸漸地獲得悟解。但是悟解亦不僅「漸悟」一途，卽以追求「內聖」的事理來說，要「明明德」而「止於至善」，自有許多「格物」、「致知」、「正心」、「誠意」的工夫要做；再以追求「外王」的事理來說，要「親民」而「止於至善」，也有許多「修身」、「齊家」、「治國」、「平天下」的工夫要做。倘如中庸所說的「自誠明」，或如大學所說的「如惡惡臭，如好好色」，則是當下卽悟，乃是「頓悟」，是不待積漸工夫而自得的。中庸將悟解「內聖」、「外王」之道的人分爲兩種：一種人是「誠者」，是「不勉而中，不思而得，從容中道」的絕頂聰明的人，這種人自然是當下卽悟的。另一種人是「誠之者」，是「擇善而固執之」的人，這種人就須下積漸的工夫纔能有得。中庸所提出來的積漸工夫，是「博學之，審問之，愼思之，明辨之，篤行之」五個階段，把這五個階段的工夫做到了，天下那有不能悟解的事理？我在本節一開始所講的，是積漸工夫的方法；其次引用大學所講的，是積漸工夫的種類；而引中庸所講的，則是積漸工夫的階段。合三方面所講的，可得積漸工夫的全貌；循此以進，自不難尋得悟解。至於「頓悟」，只有大智慧的人纔能語此，就不是一般人容易做到的了。可是我們中國人並不以「漸悟」、「頓悟」爲滿足，而以「圓融」爲悟解的最高境界。卽如「義理之學」是「體」，「經世之學」是「用」；也可說，「義理之學」是「理」，「經世之學」是「事」；中國人講究的是有體有用、體中有用、用中有體，體用一如，也可說卽理卽事，理中有事、事中有理、理事無礙，這纔是悟解的「圓融」，這「圓融」又或稱之爲「中」。中國人講佛法的，也有所謂「漸教」、「頓教」、「圓教」，如從法性、法相積漸契入的三論宗、唯識宗屬「漸教」，隨機隨緣當下契入的禪宗屬「頓教」，而悟徹一心圓融、法界圓融的華嚴宗却屬「圓教」。中國的佛學者，以觀一切法依因緣生，卽自性空，爲「空觀」；觀一切法依因緣而是假有的相，爲「假觀」；觀一切法亦非空、亦非假，是雙非的「中觀」；觀一切法亦空、亦假，是雙照的「中觀」；而觀一切法非假有、非實空、亦實空、亦假有，這纔是一心圓融的「中觀」。由於一切法各自有體而分界不同，名爲「法界」；有「事法界」，有「理法界」，有「理事無礙法界」，有「事事無礙法界」；理由事顯，事攬理成，理事互融，一卽一切，一切卽一，一多相卽；這就是所謂法界圓融。總之，中國人無論講入世間法與出世間法，總以圓融的「中道」爲悟解的最高境界，這便是中華民族所以稱之爲「中」的緣由。

（九）**求體驗**——研究國學，不尙紙面的空談、觀念的遊戲，而是要實際體驗的。無論考據、義理、經世、文藝那一種學問，都要有實際的體驗。從事於考據，只知道辨眞僞、校謬誤、輯遺佚的一些理論和方法，而沒有實際的體驗，到了要運用辨僞、校勘、輯佚那些方法時，就絕對不能得心而應手。研究義理和經世之學，所謂「格物」、「致知」、「誠意」、「正心」的內聖工夫，和所謂「齊家」、「治國」、「平天下」的外王工夫，前者重在「修持」，後者重在「措施」，總有賴於實際的體驗。修持如果沒有體驗，怎樣能超凡而入聖？措施如果沒有體驗，豈不要誤盡天下蒼生？從事於文藝鑑賞的人，先須有文藝創作的體驗，知道了創作的甘苦，然後鑑賞纔深入，纔不致隔靴搔癢，儘說一些門外漢的話。所以曹植說：「蓋有南威之容，乃可以論其淑媛；有龍泉之利，乃可以議其斷割。」（見與楊德祖書）自己有了創作的體驗和相當的成就，再批評別人的創作，別人就無話可說了。求體驗，一般說來，都要經過四個階段：一是「嘗試」，二是「實踐」，三是「匡謬」，四是「證道」。在開始體驗的時候，毫無經驗，只能說是「嘗試」。嘗試要有勇氣，沒有勇氣，就會望而却步；嘗試要有耐心，沒有耐心，就會淺嘗卽止。望而却步的人，只徘徊在宮牆之外，安能見廟堂之美？淺嘗卽止的人，只踟躕於困難之前，安能得成功之樂？嘗試如果失敗，自可見此路不通。嘗試如果成功，就得照著去做。照著去做，就是「實踐」，也就是中庸裏所說的「篤行」。踐行需要篤實，篤實纔能有所悟解，也纔能有所體驗。由實踐篤行，而纍積經驗。經驗纍積了，自能增進智慧，而判別出是非、得失、善惡、正邪。然後吸取是者、得者、善者，正者、予以享用；對於非者、失者、惡者、邪者，予以匡正。這樣，自然可以證驗「內聖」、「外王」之道，研究國學就有成就了；而考據的求眞與文藝的求美，也必能因證驗而得其道，與義理、經世的求善，更相輔而相成。

（十）合天人——研究國學，可以說有四種境界，考據之學是知識的境界，主要的是以物證物，所追求的是眞實無妄，可以培養人的「誠」的精神。義理之學是智慧的境界，經世之學是道德的境界，主要的是以人接人，以人使物，所追求的是善良純潔，可以培養人的「仁」的精神。文藝之學是藝術的境界，主要的是人物交融，所追求的是美雅至當，可以培養人的「中」的精神。這三種人文精神，是通貫於天地之間的。中庸說：「唯天下至誠，爲能盡其性；能盡其性，則能盡人之性；能盡人之性，則能盡物之性；能盡物之性，則可以贊天地之化育；可以贊天地之化育，則可以與天地參矣。」可見「誠」的精神是可以由人而通貫於天地之間的。中庸又說「仲尼祖述堯舜，憲章文武，上律天時，下襲水土。辟如天地之無不持載，無不覆幬。辟如四時之錯行，如日月之代明，萬物並育而不相害，道並行而不相悖，小德川流，大德敦化，此天地之所以爲大也。」無不持載是地之仁，無不覆幬是天之仁，並育而不相害是萬物之仁，並行而不相悖是人道之仁，可見「仁」的精神也是可以由人而通貫於天地之間的。中庸又說：「喜怒哀樂之未發，謂之中；發而皆中節，謂之和。中也者，天下之大本也；和也者，天下之達道也。致中和，天地位焉，萬物育焉。」又可見「中」的精神也可由人而通貫於天地之間。使人與天地萬物各盡其性、各行其仁、各致其中，而合爲一體，這是中國學術的最高理想。周易文言說：「夫大人者，與天地合其德，與日月合其明，與四時合其序，與鬼神合其吉凶，先天而天弗違，後天而奉天時。天且弗違，而況於人乎？況於鬼神乎？」中國學術雖是以人爲本，但其理想的人物，也就是所謂「大人」，却是要合天地萬物而爲一，使人文精神（誠，仁，中）能通貫於天地萬物之中，而造成幸福康樂的世界、和融圓滿的宇宙，這是何等崇高而偉大的理想啊！我們研究國學，既不能抹殺這個崇高而偉大的理想，則我們講國學的研究法，自不能不講「合天人」的一法。

國學的研究法甚多，一時是說不盡的。以上所舉十法，只不過述其大凡，並不能盡其精微。並世賢達，倘能因我所說，更能觸類旁通，做到中庸所說的「尊德性而道問學，致廣大而盡精微，極高明而道中庸」，那我就太滿意了！

書影

書影一（康熙字典）

子 女 **大** 夕 夊

大部

【大】〔古文〕亣 〔唐韻〕徒蓋切，音汏。 ㄉㄚˋ Ta⁴ 大么

（一）小之對。〔易乾卦〕大哉乾元。〔老子道德經〕域中有四大，道大，天大，地大，王亦大。〔莊子天地〕不同同之謂大。〔則陽篇〕天地者形之大，陰陽者氣之大。

（二）初也。〔禮文王世子〕天子視學，大昕鼓徵。〔註〕日初明，擊鼓徵召學士，使早至也。

（三）肥美也。〔儀禮公食大夫禮〕士羞庶羞皆有大，贊者辨取庶羞之大以授賓。〔註〕大以肥美者特為臠，所以祭也。

（四）過也。〔戰國策註〕大大王。

（五）長也。〔前漢郊祀志〕[illegible]大尺二寸[illegible]之外。〔疏〕大長也。

（六）[illegible]也。〔禮郊特牲〕大報天而主日。

（七）都大，官名。宋制有兩都大，一提舉茶馬，一提點坑冶鑄錢，與提刑序官。

（八）猶大士也。〔會要故事〕稱大眼孔小，與錢十萬，其藤樓屋子矣。

（九）唐大，弓名。見〔公輸良〕。

（十）四大，地水火風也。見〔佛說圓覺經〕。

（十一）姓。大庭氏之後，見〔風俗通〕。

〔集韻〕他蓋切，音太。 ㄊㄞˋ T'ai⁴ 太么

（一）〔易〕大和，大極。〔書〕大誓，大王大師，大義大宰。〔並〕音泰。

〔廣韻〕唐佐切，音惰。 ㄉㄨㄛˋ To⁴ 去聲

（一）〔杜甫天狗賦〕不愛力以許人兮，能絕目以為大。

〔集韻〕吐臥切，音拖。 ㄊㄨㄛˋ T'o⁴ 去聲

〔韻會〕猛也，甚也。〔荀子不苟篇註〕郢原成為大過也，讀大會噓。

〔集韻〕叶徒計切，音第。〔詩大雅〕戎雖小子，而式弘大。叶厲偈敗。

〔洪武正韻〕（一）〔正字通〕楊慎曰：大，舊有一駕切者，韻書二十二禡不收，考唐南子，宋唐王世有省生觚占曰：小而生大，必霸天下。大叶下，古亦有一駕切之音。

（二）〔說文〕天大，地大，人亦大，象人形。〔徐曰〕本古文人字。一曰他達切，經史大太泰通。

【天】〔古文〕兲 旡 㒫 𠑺 𠀘 〔唐韻〕他前切，〔集韻〕〔韻會〕他年切，从顛平聲。 ㄊㄧㄢ T'ien¹ 小九

〔韻〕（一）〔說文〕顛也。至高無上，从一大也。〔白虎通〕天，鎮也，居高理下，為人鎮也。〔易說卦〕乾為天。〔釋名〕天，顯也。運天象陽垂日星。荀子曰：天無實形，地之上至虛者皆天也。邵子曰：自然之外別無天。〔程子遺書〕天之蒼蒼，豈是天之形？視下亦復如是。〔張子正蒙〕天左旋，處其中者順之，少遲則反右矣。〔朱子語類〕離騷有九天之說，諸家妄解云有九天。據某觀之，只是九重。蓋天運行有許多重數，裏面重數較軟，在外則漸硬。想到第九重成硬殼相似，那裏轉得愈緊矣。〔宋天文志〕天形如卵白，猶卵白其中之黃，處碟有七重。第八重白無物硬，最後九重便成硬殼，可見朱子皆本造化之妙。今西洋曆說天一層破似一層，此七政遲速所以有遲速也。

（二）星名。〔甘氏星經〕天根亢也。〔周語〕天根見而水涸。

（三）古帝號。葛天氏，見〔路史禪通紀〕。

（四）神名。〔山海經〕刑天與帝爭神，帝斷其首，乃以乳為目，臍為口，操干戚以舞。刑一作形。〔陶潛詩〕刑天舞干戚，猛志故常在。或作形夭，讀名非。

（五）地名。〔蜀地志〕蜀邛崍山後四野無晴日，日漏天。〔杜甫詩〕地近漏天終歲雨。

（六）山名。〔九州要記〕涼州古武威郡有天山，黃帝受金液神丹于此。一曰在伊州。〔通〕天山，即祁連山。

（七）天樂名。鈞天廣樂，見〔史記趙世家〕。

（八）署名。〔唐六典〕內閣准試書院，杜甫曰木天。今翰林院稱木天署。

（九）星名。〔陶弘景曰〕以玄為天，其名最上，轉大矣。

（十）〔易睽卦〕其人天且劓。

（十一）姓。漢長社令天高，見〔姓苑〕。

〔正字通〕先儒古篆異文。按天字皆从一大，篆因反考之經史皆然，惟易六位時成，時乘六龍以御天，與乘字通。〔正字通〕至謂天與如天以下又與如君父字音，必不可假易改，所謂顛正大。

【太】〔唐韻〕他蓋切，音汰。 ㄊㄞˋ T'ai⁴ 太么

（一）與大通。〔說文〕泰也，一曰大也，通也。

〔正字通〕經史太字俱作大，如大極、大初、大素、大室、大玄、大廟、大學，及官名大師、大宰之類，又作泰，如泰卦、泰壇、泰誓、泰尊、泰夏、泰紘、泰文之類。[illegible]氏曰：經史古太字無點，後人加點以別小大之大，非字義引之失也。

（二）姓。文王四友太顛之後，見〔姓譜〕。

〔集韻〕他達切，音闥。 ㄊㄚˋ T'a⁴ 太么

大太，獸名，在會稽西南。

〔叶〕叶力至切，音利。〔陸機文賦〕宜妙解以發智，不審兩其多已太。

〔古〕亦作太。

【夫】〔唐韻〕甫無切，〔集韻〕風無切，从音膚。 ㄈㄨ Fu¹ 口丈

（一）男子通稱。〔禮郊特牲〕夫也者，以知帥人者也。〔白虎通〕夫有傳相之稱，而可任仕謂之丈夫。

（二）男女既配，則夫婦。〔周禮冢人〕夫夫婦婦。

大部 一畫 大天太夬

康熙字典

0285

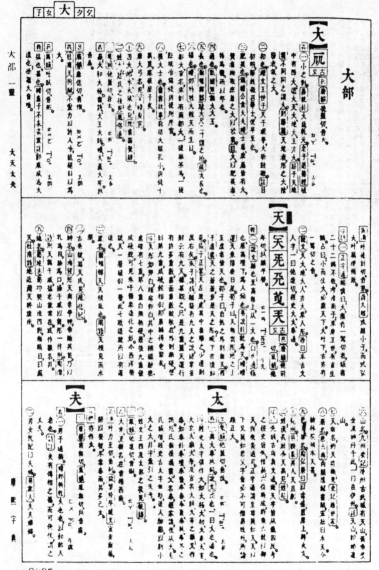

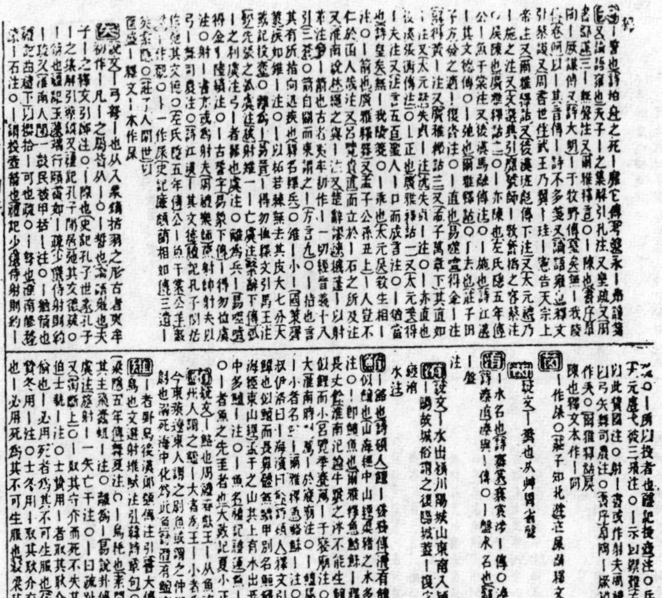

圝⊖斬殺：說「劉蘇滿盈，不可職爲詐殺。」（新論・言苑）
⊜折斷：說「銳而不剉。」（淮南・時則）
圝⊖缺傷不全：說「廉則剉，銳則挫。」（呂覽・必己）
⊜剉折：失敗同「挫折」：說「偏城獲全，彊兵剉折。」（後漢書・馮異傳）

剄

（形聲）（會意）甲文金文剄字闕。小篆剄从刀，巠聲。本義作「以刀割頸」解（見玉篇），乃引刀斷頸之意，故从刀；又以巠音經，爲頸之省文，加刀於頸而割之爲剄，故剄从巠聲。
（音）經丁切　音經　ㄐㄧㄥ　Jing　平　青
（集）吉頂切　音景　ㄐㄧㄥˇ　Jiing　上　迥
（語）（動）刎頸、割頸：說①「不敢逃刑，敢歸死，遂自剄也。」（左・定十四年）②「令從者襲殺剄之。」（史記・淮南王傳）

剋

（形聲）（會意）甲文金文剋字闕。小篆剋从刀，克聲。本義作「殺」解（見集韻）。殺敵須刀器，故从刀；又以克有致勝義，殺敵在致勝，故剋从克聲。惟此本義古罕見用，今所行者爲別義。
（音）乞黑切　音克　ㄎㄜ　Keh　入　職
（語）（動）⊖能勝任：說「至伎大木，非斧不剋。」（淮南・說山）
⊜剋害：說「謂爲父子剋賊以報。」（列・湯問）
⊜刻削：說「成湯遭災，以六事剋己。」（後漢書・周舉傳）
四勝過：通「克」：「何征不剋。」（後漢書・禰衡傳）
㊄銘記：說「賤以剋心，非但齊賊神也。」（吳志・賈齊傳注）
㊅約定：通「刻」：說「意逮於道，解徒稅格，亦所欲過，與剋期俱至，無或違者。」（後漢書・獨行傳）
⊕剋扣：從中截留：說「他乾娘越發羞愧，說芳官沒良心，只說我剋扣你的錢。」（紅樓夢・五八回）
㊅剋復：收回：說「當共戮力王室，剋復神州。」（晉書・王導傳）
圝剋意：專心、銳意同「刻意」。說「平居忽忽不樂，始剋意事佛。」（李商隱・樊南乙集序）
（辨正）（同字異體）尅。（剋同字）

剛

（形聲）（會意）甲文剛从刀从网（省网下山）聲，仍與小篆剛略同。金文剛林義光氏以爲「古㓻字作剛」（轉載），从牛网聲，即剛之古文，从刀斷网（網）。网字古作㓻（散氏盤），从山网聲。但吳大澂氏以此爲古剛字。小篆剛从刀，岡聲。本義作「彊斷」解（見說文段注），乃有大力使之斷絕之意。能施大力以斷物者莫如刀，故剛从刀；又以岡爲山脊，山脊多峻直而取其峻直之意，故从岡聲。
（音）歌康切　音綱　ㄍㄤ　Gang　平　陽
（語）（形）⊖無私曰剛：說「『斷之以剛』」疏「剛謂情無私。」（左・昭六年）
⊜強曰剛：說「剛亦不吐，柔亦不茹。」（左・文十年）
⊜剛果（Congo）：國名，亦稱東剛果。位於非洲之中，原爲比利時屬地，公元一九六〇年獨立。
四剛果共和國（Republic of Congo）國名，亦稱西剛果。位非洲中部，原爲法國屬地，公元一九六〇年獨立。
圝⊖堅強：說「大哉乾乎，剛健中正，純粹精也。」（易・乾）
⊜盛：說「及其壯也，血氣方剛，戒之在鬭。」（論・季氏）
⊜剛愎：很戾自用：說「其佐先穀剛愎不仁，未肯用命。」（左・宣十二年）
圝⊖方才、方纔：表時間：說「那天剛亮，寶玉也顧不得梳洗，忙穿衣出來，將王濟仁叫來親自確問。」（紅樓夢・卅一回）
⊜剛剛：恰恰：說「剛剛過河又插上了，這得等剛天纔能走呢！」（老殘遊記・十二章）
（辨正）（同字異體）剛（剛體）　（相對義字）柔。

剔

（形聲）（會意）甲文金文剔字闕。小篆剔从刀，易聲。本義作「解骨」解（見玉篇），乃以刀解骨而取其肉之意，故从刀；又以易有變化之意，骨被刀解則見支離破碎與原狀有異而起變化，故剔从易聲。
（音）他歷切　音踢　ㄊㄧ　Ti　入　錫
（語）（動）⊖去肉至骨：說「刳剔孕婦。」（書・泰誓）
⊜剔除：說「攘之剔之，其檿其柘。」（詩・大雅）
⊜洗去：說「剔河而導九歧。」（淮南・要略）
四挑剔：挑別而除去之：說「抉剔蠹弊。」（後漢書・王渙傳）
㊄剪毛：「剃之剔之」釋文「剔謂剪其毛。」（莊・馬蹄）
㊅驚惕：通「惕」：說「邪睨旁剔。」（潘岳・射雉賦）
（辨正）（本字正體）剔左作易，不作易，俗有誤作易者，失正。

剖

（形聲）（會意）甲文金文剖字闕。小篆剖从刀，咅聲。本義作「判」解（見說文許箸），就是加以判解的意思，故从刀；又以咅音丕爲「否」之初文，作「相與語唾而不受」解，含有不相合的意味。剖在使物分而不合，故从咅聲。
（音）普歐切　掊平　ㄆㄡ　Pou　平　有
　　　普武切　音撫　ㄆㄡˇ　Poou　上

部首序　儿凵〔刀〕ㄉㄠ　刀部　七至八畫　剄 剋 剛 剔 剖　〇一四七

書影三（正中形音義綜合大字典）

書影四（經傳釋詞）

經傳釋詞

高郵　王引之　伯申

卷一

與

鄭注禮記檀弓曰：「與，及也。」常語也。

與，猶「以」也。易繫辭傳曰：「是故可與酬酢，可與祐神矣。」言可以酬酢，可以祐神也。禮記檀弓曰：「殷人殯於兩楹之閒，則與賓主夾之也。」言以賓主夾之也。玉藻曰：「大夫有所往，必與公士爲賓也。」言必以公士爲擯也。義見上文。中庸曰：「知遠之近，知風之自，知微之顯，可與入德矣。」言可以入德也。論語陽貨篇曰：「鄙夫可與事君也與哉！」言不可以事君也。孔傳曰：「言不可與事君。」皇疏曰：「言凡鄙之人不可與之事君。」皆非也。下文患得患失，皆言鄙夫所以不可事君之故，非謂不可與鄙夫事君也。後漢書李法傳：「法上疏諫，坐失旨，免爲庶人，還鄉里。人問其不合上意之由，法未嘗應對。固問之，法曰：『鄙夫可與事君乎哉！苟患失之，無所不至。』」法之言如此，是不說人以無罪而以鄙夫自貶，且自謂其不可以事君也。然則法之意，亦謂鄙夫不可以事君，非謂不可與鄙夫事君明矣。顏師古

書影五（中文大辭典）

天鵝。〔注〕大如鶴倉色似鵝好高飛作鶖今江東名之曰天鵝。

【夫】5962

木 甲骨文字乙編一八六一　木 殷虛文字乙編二三八六七　大 盂鼎
夫 晉鼎　夫 魏三體石經古文　夫 說文解字
夫 嶧山碑　夫 秦下殘石　夫 史晨碑
夫 北魏張猛龍碑　夫 周公禮殿記　夫 魏受禪碑
夫 孔龢碑　夫 不空和尚碑　夫 蘇軾
夫 王羲之　夫 孫過庭　夫 懷素

甲、〔廣韻〕甫無切〔集韻〕〔韻會〕風無切 虞平聲 ㄈㄨ fu

乙、〔廣韻〕防無切〔集韻〕〔韻會〕馮無切〔正韻〕逢夫切 虞平聲 ㄈㄨˊ fu

甲、甫無切 ㊀丈夫也。男子之通稱。〔說文〕夫、丈夫也。从大一、一以象先。周制八寸爲尺、十尺爲丈、人長八尺、故曰丈夫。〔詩、小雅、車攻〕射夫既同。〔疏〕夫、男子之總名。〔禮記、曲禮上〕若夫坐如尸。〔釋文〕夫、丈夫也。〔晉書、桑虞傳〕丁夫毆于外。㊁傅相也。朝廷輔佐之大臣。〔詩、陳風、墓門〕夫也不良。〔傳〕夫、傅相也。㊂夫婿也。男女既配曰夫婦。〔易、家人〕夫夫婦婦。〔儀禮、喪服傳〕夫者、妻之天也。〔孟子、離婁下〕其良人出。〔注〕良人、夫也。〔後漢書、列女傳〕夫者天也。〔注〕夫者、妻之天也。〔列女傳、貞順〕夫婦者、人倫之始也。〔白虎通、嫁娶〕夫者扶也、以道扶接者也、謂婦之夫也。㊃兵士也。〔左氏、哀元〕夫屯晝夜九日。〔注〕夫、猶兵也。㊄傭人也。〔晉書、王尼傳〕舊人居宅工夫。〔唐書、李德裕傳〕盤夫多死。㊅扶也。〔左氏、昭七〕大夫臣士。〔疏〕夫之言扶也。夫能扶成人也。〔白虎通、爵〕夫者、扶也。㊆賦也。賦役也。〔後漢書、章帝紀〕諸懷姙者賜胎養穀人三斛、復其夫。〔後漢書、百官志注〕夫、賦也。冒消息百姓、均其役賦也。〔南齊書、王敬則傳〕均夫訂直、民自爲用。㊇百畝之田也。周代男子成年、授田百畝。〔周禮、地官、小司徒〕九夫爲井。〔注〕晦百爲夫。〔左氏、襄二十五〕夫井衍沃。〔注〕畝百爲夫。㊈治也。與敦通。〔說文通訓定聲〕夫、叚借爲敦。〔周禮、天官、序官〕宰夫。〔疏〕夫者、治也。〔禮記、王制〕夫圭田無征。〔注〕夫、猶治也。㊉易、豫爲夫。〔易、小畜〕夫妻反目。〔虞注〕豫爲夫。㊀姓也。〔廣韻〕夫、又羌複姓。後秦錄有將軍夫蒙大羌。

百畝爲夫（農政全書）

乙、防無切 ㊀猶乎也。用於句中或句末之歎辭。〔經傳釋詞、十〕夫、猶乎也。歎辭也。在句末者、〔禮記、檀弓〕曰、三年之喪、亦已久矣夫。是也。在句中者、〔禮記、檀弓〕曰、仁夫公子重耳。是也。〔呂氏春秋、審應〕申子說我而戰、爲吾相也夫。〔注〕夫、不滿之辭。㊁疑問辭。〔左氏、昭十六〕夫、語辭也。〔疏〕夫、是疑怪之辭。㊂猶彼也。此也。指事之辭也。〔經傳釋詞、十〕夫、指事之辭也。〔禮記、檀弓〕曰、子疾夫朝之無從也。〔左傳〕曰、夫袪猶在。〔禮記、檀弓上〕夫夫也、爲習於禮者。〔注〕夫夫、猶言此丈夫也。〔左氏、昭十六〕且夫易不可以占險。〔注〕夫易、猶此易。㊃猶彼也。第三人稱代名詞。〔經傳釋詞、十〕夫、猶彼也、禮記三年問曰、夫焉能相與羣居而不亂乎。荀子禮論篇夫作彼、襄二十六年左傳曰、夫獨無族姻乎。楚語作彼有公族甥舅。齊語曰、夫爲其君動也、管子小匡篇夫作彼。〔漢書、賈誼傳〕夫將爲我危。〔注〕夫、夫人也。亦猶彼人耳。㊄猶若也。〔經詞衍釋〕夫、猶而也、猶且也、皆若發也。論語、賜也賢乎哉、夫我則不暇。言若我也。孟子、夫出晝而王不予追也、言若出晝也。㊅猶乃也。〔經詞衍釋〕夫、猶乃也。荀子、賦篇、此夫文而不采者與。楊倞注、此乃有文飾而不至華采、是訓夫爲乃也。㊆發語辭。〔經傳釋詞、十〕夫、發聲也。周禮司烜氏曰、以夫遂取明火於日、鄭司農曰、夫、發聲也。禮記少儀曰、加夫襓與劍焉、鄭注曰、夫、或爲煩、皆發聲。〔爾雅、釋詁〕夫、發語辭。〔邢疏〕夫、發語辭。〔禮記、禮運〕夫禮之初。〔疏〕夫者、發語之端。〔孟子、盡心下〕夫舜惡得而禁之。〔注〕夫、辭也。㊇役也。〔文選、張衡、思玄賦〕擁我所求夫何思。〔注〕舊曰、夫、役也。㊈猶凡也。衆也。〔經傳釋詞、十〕夫、猶凡也、衆也。〔禮記、檀弓上〕若夫慈恭敬。〔疏〕劉獻曰、夫、猶凡也。〔左氏、襄十八〕有夫出征而喪其雄。〔國語、周語中〕夫人奉利而歸諸上。〔注〕夫人、猶人人也。〔淮南子、本經訓〕夫人相樂。〔注〕夫人、衆人也。

解字　夫〔指事〕〔說文〕夫、丈夫也。从大一、一以象先。周制、八寸爲尺、十尺爲丈、人長八尺、故曰丈夫。〔段注〕天之一冒大上、爲會意。夫之一、大首、爲象形、亦爲會意。〔說文通訓定聲〕夫、丈夫也。从大一、以象簪。御覽引說文冠而既簪人二十而冠、成人也。按古者童稚垂髫、二十成人、始簪髮而冠、成人稱夫、故夫字从大而以一象簪形、置於人首、以狀其事、故爲指事。

【夫人】㊀諸侯之妻也。按漢時列侯之妻亦稱夫人。列侯死、子復爲列侯、稱大夫人。見漢書文帝紀注。蓋猶古制也。〔禮記、曲禮下〕天子之妃曰后、諸侯曰夫人、大夫曰孺人、士曰婦人、庶人曰妻。公侯有夫人、有世婦、有妻、有妾。夫人自稱於天子曰老婦、自稱於諸侯曰寡小君、自稱於其君曰小童。〔注〕夫之言扶。〔春秋、隱二〕夫人子氏薨。〔疏〕仲子、實惠公未爲君、故仲子不得稱夫人也。〔公羊、隱二〕女在其國稱女、在塗稱婦、入國稱夫人。〔穀梁、隱二〕夫人之義、從君者也。〔論語、季氏〕邦君之妻、君稱之曰夫人、夫人自稱曰小童、邦人稱之曰君夫人、稱諸異邦曰寡小君、異邦人稱之、亦曰君夫人。〔注〕孔曰、小君、君夫人之稱、對異邦謙、故曰寡小君。當此之時、諸

3404

書影六（詩詞曲語辭滙釋）

『上方鸞駕到人間，既不索誰把冰輪玉溝碾？』又十六，二郎神套，秋恨：『多應他意重，我情薄，既不索；可怎生雁貼魚沉音信杳？』亦作若不沙。看錢奴劇四：『是兒孫合着俺兒孫使，若不沙怎題着公公名氏？』望江亭劇四：『我只得親上漁船把機關暗展，若不沙那勢劍金牌如何得免？』亦作既不呵。樂府陽春白雪前三，徐子芳小令，沉醉東風，贈歌者吹簫：『引靑鸞玉簫聲韻，莫不是另得東君一段春？既不呵；紫竹上重生玉笋。』金線池劇楔子：『想知今曉古人家女，都待與秀才每爲夫婦，既不呵；那一片俏心腸，那裏每堪分付？』誶范叔劇三：『我想先生在秦，必見重用，既不呵；如何這相府前祇從人等，見先生來，皆凜凜起避？』亦作既不是呵。黃粱夢劇二：『若是暗暗的回來，必定做下不公的勾當。既不是呵；怎生一個大將回來，可沒一個人來報知？也不差人迎接？』要之皆爲轉接辭，義均同也。

這　的這　待道

這，語句中間之襯字，與作指示辭者異。謝天香劇三：『待道是顚狂睡囈，兀的不靑天這白日。』言待道是發風狂，說夢話，則明明是靑天白日也。靑天與白日之間，加一這字以作襯，不爲義。凍蘇秦劇三：『他是祇候人的所爲，可那有孟嘗君的這度量。』此爲整齊之對句，下句加一這字以作襯。金錢記劇三：『悶倚遍這翠屏山，香爐在泥金獸。』此亦整齊之對句，上句加一這字以作襯。不伏老劇二：『衆公卿相見知何有，飲過這西出陽關這餞行的酒。』同句之中，已用過這字以表指示之義，其第二這字爲襯字。亦有曰的這者。金錢記劇二：『謝你個賀知章舉賢的這薦賢，便是這韓飛卿榮遷也那驟遷。』的

書影七（佛學大辭典）

故。」實性故。如是諸法皆不離識。總立識名。唯言但遮愚夫所執離諸識實有色等。」義林章一末曰「梵云毘若底此翻爲識。識者了別義。識自相、識相應、識所變、識分位、識實性。五法事理皆不離識。故名唯識。」楞嚴經五彌勒菩薩之言曰「我以諦觀十方唯識。識心圓明入圓成實。遠離依他及遍計執。得無生忍斯爲第一。」

【五重唯識】（術語）見唯識觀條。

【五種唯識】（名數）見五字部五種唯識條。

【唯識宗】（流派）法相宗之異名。彼宗以萬法唯識之法門爲主也。

【唯識章】（書名）大乘法苑義林章一末篇章之名。

【唯識家】（術語）法相宗之異名。

【唯識會】（行事）講說唯識論之法會。

【唯識論】（書名）有二本。一爲成唯識論、梵名 Vijñānamātrasiddhi-śāstra 之異名。一爲唯識二十論之略名。唯識二十論有三譯。一後魏瞿曇般若流支（又作菩提流支）譯一卷。單題曰唯識論、或題曰楞伽經唯識論。二陳眞諦譯一卷。題曰大乘唯識論。三唐玄奘譯、一卷、題曰唯識二十論。諸家之註釋如下。唯識二十論述記二卷、唐窺基撰。成唯識論料簡二卷、唐窺基撰。又稱唯識開發。成唯識論述記二十卷、唐窺基撰。成唯識論別鈔十卷、存卷一卷五卷九卷十、唐窺基撰。成唯識論掌中樞要八卷、唐窺基撰。成唯識論掌中樞要四卷、唐窺基撰。成唯識論掌中樞要記二卷、存卷上、唐智周述。成唯識論了義燈十四卷、唐慧沼述。成唯識論了義燈記二卷、存卷下、唐智周撰。成唯識論演秘十四卷、唐智周撰。成唯識論義蘊五卷、唐道邑撰。成唯識論疏義演二十六卷、唐如理集。缺卷六末下及十七十八二十二。成唯識論演秘釋卷一、唐如理撰。註成唯識論卷十七、餘缺。成唯識論疏鈔十八卷、唐靈泰撰。缺卷九卷十三末卷十五卷十七。成唯識論學記八卷、新羅太賢集。唯識開蒙二卷、元釋雲峯集。成唯識論俗詮十卷、明明昱俗詮。成唯識論集解十卷、明通潤集解。成唯識論音義十卷、明廣承音義。成唯識論合響十卷、明大眞合響。成唯識論自考十卷、明大惠錄。成唯識論觀心法要十卷、明智旭述。唯識三十論直解一卷、明智旭解。唯識三十論約意一卷、明明昱約意。成唯識論音響補遺科二卷、智素科。成唯識論音響補遺十卷、智素補遺。成唯識論證義十卷、明王肯堂證義。

【唯識說】（術語）具名唯識三性說。三性者何、一曰遍計所執性。執在心外之我法性是也。二曰依他起性。種子所生之因緣法是也。三曰圓成實性。依他起性所依之實蝶裝之書既外標名稱卷數，皆直行寫下，蓋原書置放時以書口向下直立，此與近來新書之硬皮紙字，豎立置放者，大致相類。又有每卷起首，用各色小絹條粘於書口外以別之。此又與現今之西文大辭典等書將起首字母挖一小洞，於書口外者，其用意亦相同，故今之所謂西裝，謂為仿我古裝可也。今國立北平圖藏有文苑英華，其衣上注明「景定元年十月裝背臣王潤照管訖」，足證宋裝之原形也。

（附圖）

蝴蝶裝

（參考書）中國書籍裝訂之變遷　李文䄎　圖書學季刊　三：四：五四五頁

【閱者】Readers　詞源載「覽也䢄也謂之閱」閱者即來圖借閱圖書者之統稱也，亦稱為借閱人。

現代圖自倡圖書活用之說後，圖之重要對象已由圖書轉而為閱者，蓋館舍管理人員以及經費圖書種種，備為求達圖書敏捷致用之工具，所要者仍在對於閱者之功效。故圖之閱者實為圖之唯一主人也。

圖既為閱者而設，則圖之成效如何與閱者數量上之關係頗關重要，彼專門之圖，供專家之研究，非一般人所能應用者，自當以其研究成績之質量論，未可以來館閱者之多寡以相衡；第在普通圖中閱者數量實與成績成正比，效用愈著，閱者亦愈衆，故欲增加圖之閱者數量而達圖書活用之目的，不僅圖書館舍及管理人員經費種種，應有適當之設置，而於閱者之志趣、程度、年齡、性別、職業、以及所在地區之關係，足以影響閱讀興味者，尤須不可忽視之也。

【閱書桌】Reading table　研究室成人用桌，通常高約二尺四五寸，或桌脚下附以螺旋，以便能自由伸縮其高低，幅約一尺八寸乃至二尺，長約六尺。

兒童用桌，八歲至十歲用者，約高一尺六寸五分，幅一尺三寸以上，長約三尺六

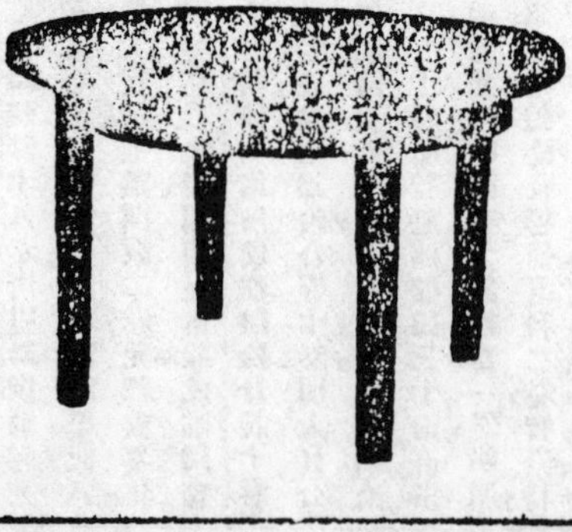

書影九（論語引得）

70 390 天命
五十而知○○，2/2/4
畏○○，34/16/8
小人不知○○，34/16/8
天祿
○○永終，41/20/1
70 404 更
○也人皆仰之，
40/19/21
○，33(7)
70 600 不
○亦說乎，1/1/1
○亦樂乎，1/1/1
人○知而○慍，1/1/1
○亦君子乎，1/1/1
○好犯上，1/1/2
爲人謀而○忠乎，1/1/4
與朋友交而○信乎，1/1/4
傳○習乎，1/1/4
君子○重則○威，1/1/8
學則○固，1/1/8
無友○如己者，1/1/8
有所○行，2/1/12
○以禮節之，2/1/12
亦○可行也，2/1/12
因○失其親，2/1/13
○患人之○己知，2/1/16；
29/14/30
患○知人也，2/1/16
四十而○惑，2/2/4
○踰矩，2/2/4
○敬何以別乎，2/2/7
○違如愚，3/2/9
回也○愚，3/2/9
君子○器，3/2/12
君子周而○比，3/2/14
小人比而○周，3/2/14
學而○思則罔，3/2/15
思而○學則殆，3/2/15
○知爲○知，3/2/17
舉枉錯諸直則民○服，
3/2/19
舉善而敎○能則勸，3/2/20
子奚○爲政，3/2/21
○知其可也，3/2/22
見義○爲，4/2/24
孰○可忍也，4/3/1
人而○仁，4/3/3(二)；
15/8/10
○如諸夏之亡也，4/3/5
○能，4/3/6
曾謂泰山○如林放乎，
4/3/6
杞○足徵也，4/3/9
宋○足徵也，4/3/9
文獻○足故也，4/3/9
吾○欲觀之矣，4/3/10
○知也，4/3/11；8/5/8
吾○與祭，4/3/12
如○祭，4/3/12
○然，4/3/13
射○主皮，5/3/16
爲力○同科，5/3/16
關雎樂而○淫，5/3/20
哀而○傷，5/3/20
成事○說，5/3/21
遂事○諫，5/3/21
既往○咎，5/3/21
官事○攝，5/3/22
孰○知禮，5/3/22；
13/7/31
吾未嘗○得見也，5/3/24
居上○寬，5/3/26
爲禮○敬，5/3/26
臨喪○哀，5/3/26
擇○處仁，6/4/1
○仁者，6/4/2
○可以久處約，6/4/2
○可以長處樂，6/4/2
○處也，6/4/5
○以其道得之，6/4/5(二)
○去也，6/4/5
惡○仁者，6/4/6(二)
○使○仁者加乎其身，
6/4/6
我未見力○足者，6/4/6
○能以禮讓爲國，6/4/13
○患無位，6/4/14
○患莫己知，6/4/14
見○賢而內自省也，7/4/17
見志○從，7/4/18
又敬○違，7/4/18
勞而○怨，7/4/18；
41/20/2
○遠遊，7/4/19
○可○知也，7/4/21
古者言之○出，7/4/22(6)
恥躬之○逮也，7/4/22
德○孤，7/4/25
邦有道○廢，7/5/2
雍也仁而○佞，7/5/5
○知其仁，7/5/5
道○行，8/5/7
○知其仁也，8/5/8(三)
朽木○可雕也，8/5/10
糞土之牆○可杇也，8/5/10
我○欲人之加諸我也，
8/5/12
○可得而聞也，8/5/13
○恥下問，8/5/15
其愚○可及也，9/5/21
○知所以裁之，9/5/22(7)
伯夷叔齊○念舊惡，9/5/23
○如丘之好學也，9/5/28
○亦可乎，9/6/2
○遷怒，10/6/3
○貳過，10/6/3
○幸短命死矣，10/6/3；
20/11/7
君子周急○繼富，10/6/4

三、語言文字學

（1）通論

系統的文字學參考書目舉要　沈兼士　北大國學月刊一卷五號

戴密微印度支那語言書目　林語堂　東方雜誌二十五卷六號

中國言語文字說略　薛祥綏　國故第四期

論語言文字之學　章　絳　國粹學報二卷十二，十三號

說中國語言之分化　楊樹達　東方雜誌二十一卷二號

從發音上研究中國文字之源　梁啓超　東方雜誌十八卷二十一號　按此篇已收入梁任公近著近一輯下卷

文字學與語言之關係　嚴𦶜文　國學叢刊一卷二號

中國文字議　陳培深　大中華一卷二十號至二十二號

原始中國語試探　潘尊行　國學季刊一卷三號

語言的進化　劉　復　晨報副刊十五年十二月十三日

語言對於思想的反響　黃　孿　現代評論一一七期

國學論文索引

書影十一（清代文集篇目分類索引）

門人解	金　鶚	求古錄禮說	13/10b
弟子門人攷	汪之昌	青學齋集	11/17b
束修攷	陳　鱣	簡莊綴文	4/11a
與盧學士文弨論束修書	洪亮吉	卷施閣文甲集	8/12a
答洪稚存太史書辨束脩義	臧　庸	拜經堂文集	3/x
八蜡說	金錫齡	學海堂三集	11/17a
八蜡說	冼　先	學海堂三集	11/20a
釋八蜡	馬其昶	抱潤軒文集	1/14a
鄉原說	盛大士	蘊愫閣文集	1/5a
鄉愿說	黃式三	儆居經說	2/13b
詩名物騶虞辨	性　德	通志堂集	14/6b
騶虞解	李　紱	穆堂初稿	21/10a
騶虞考	丁　杰	湖海文傳	11/2a
詩騶虞義	俞正燮	癸巳類稿	2/4a
騶虞解	馬國翰	玉函山房文集	5/23b
騶虞解	唐壬森	詁經精舍文續集	1/13a
與劉孟塗論彤管書	朱　琦	小萬卷齋文藁	6/30a
彤管解	邢　澍	守雅堂文集	1/x
彤管解	王廷鼎	詁經精舍四集	3/8b
勺藥義	俞正燮	癸巳類稿	2/11a
勺藥香草考	王廷晉	詁經精舍五集	2/12a
釋盧橘	王　昶	春融堂集	50/1a
盧橘說	莫友芝	郘亭遺文	6/1a
釋郵表畷	阮　元	揅經室一集 詁經精舍文集	1/15a 8/2b
釋郵表畷	李富孫	校經廎文稿	10/7a
郵表畷解	汪之昌	青學齋集	7/11a
參互說	張錫恭	茹荼軒文集	8/18b
古諸侯稱王說	王國維	觀堂別集補遺	1/9b
數物同名說	劉師培	左盦集	4/7b
夥頤何乃衜還音義	俞正燮	癸巳類稿	7/15a
乃衜還音義	俞正燮	癸巳類稿	7/16a
等還音義	俞正燮	癸巳類稿	7/17a
烏孫朱耶還音義	俞正燮	癸巳類稿	7/20a
拔都還音義	俞正燮	癸巳類稿	7/23a

以上複詞

史地類

一 正史類

1 史記

通論

讀史記	彭紹升	二林居集	2/5a
與賈雲臣論史記書	朱　彝	笥河文集 湖海文傳	8/1a 42/1a
跋黃氏日抄讀史記二篇	張宗泰	魯巖所學集	7/6a
書史記目錄後	王　棻	柔橋文鈔	11/5b
史記列傳編次先後有無義例說	汪之昌	青學齋集	14/24a
史記闕篇補篇考	孫同元	詁經精舍文集	8/35b
史記闕篇補篇攷	汪繼培	詁經精舍文集	8/39a
書褚先生補史記後	王　昶	春融堂集	43/4b
補史記三皇本紀	王　棻	柔橋文鈔	14/1a
史記共和考	姚文田	邃雅堂集	3/37a
史記用蓋天論	俞正燮	癸巳類稿	10/4a
策問史記載尚書孰爲今文孰爲古文	徐養原	詁經精舍文集	11/1a
策問史記載尚書孰爲今文孰爲古文	邵保和	詁經精舍文集	11/4b
策問史記載尚書孰爲今文孰爲古文	周聯奎	詁經精舍文集	11/6a
記太史公所錄左氏義後	吳汝綸	桐城吳先生文集	4/88b
史遷尊孔孟說	汪之昌	青學齋集	14/1a
許叔重注史記說	陶方琦	漢孳室文鈔	1/2b
御覽九引史記曰蚩尤氏能徵風召雨與黃帝爭强帝滅之於冀今本史記無此文說	路心謙	沅湘通藝錄	2/39a

本紀

太史公本紀取式呂覽辯	晏世澍	沅湘通藝錄	2/36a
讀五帝本紀	惲　敬	大雲山房文藁初集	2/32a
史記殷本紀彔卷陶說	汪之昌	青學齋集	13/1a

作譯者	題目	期刊名稱	卷期	年月	頁號	附註
	甲午戰前中國農村手工棉紡織業的變化和資本主義生產的成長	歷史研究	59:2	59.2	17-38	
陳達 2124	人口變遷的原素	清華學報	9:1	33.12	15-68	
	南洋華僑與閩粵鄉間的信仰	清華社會科學	2:4	37.7	709-735	
陳達材 2125	國家之性質	北京大學月刊	1:3	19.3	25-32	
陳達祚(等) 2126	揚州「回回堂」和元代阿拉伯文的墓碑	江海學刊	62:2	62.2	48-49	Y
陳達農 2127	我對「網墜」的芻見	考古通訊	57:3	57.5	80-81	
陳隗 2128	關於太平天國革命的性質問題	文史哲	58:4	58.4	45-50	
陳膺如 2129	長蘆都轉考	禹貢	4:12	36.2	7-9	M
	南運歷代沿革攷	禹貢	6:1	36.9	27-30	
陳鼎文 2130	汪悔翁乙丙日記	史學消息	1:7	37.6	36-37	L
陳鼎忠 2131	原史	文史滙刊	1:1	35.3	3-7	
	史部彙攷㈠	文史滙刊	1:1	35.3	9-38	
	㈡	文史滙刊	1:2	35.6	69-74	
陳競明 2132	三十五年來的甲骨學	考古	3	35.12	1-52	
陳夢家 2133	令彝新釋	考古	4	36.6	27-39	
	釋底漁	考古	4	36.6	40-42	
	古文字中之商周祭祀	燕京學報	19	36.6	91-155	
	佳夷考	禹貢	5:10	36.7	12-17	M
	「史字新釋」坿尹夾	考古	5	36.12	7-12	
	「史字新釋」補證坿論鳥網	考古	5	36.12	13-16	
	釋丹	考古	5	36.12	17-22	
	商代的神話與巫術	燕京學報	20	36.12	485-576	
	祖廟與神主之起源	文學年報	3	37.5	63-70	
	商代地理小記	禹貢	7:6.7	37.6	101-108	
	釋敀釋豖	考古	6	37.6	195-202	
	禺邗王壺考釋	燕京學報	21	37.6	207-229	
	五行之起源	燕京學報	24	38.12	35-53	
	讀天壤閣甲骨文存	圖書季刊	新1:2	39.6	287-291	

書影十三（中國近二十年文史哲論文分類索引）

編號	篇名	著譯者	刊名	卷期	頁次	出版年月
02898	春秋尊王攘夷	賴炎元	孔孟月刊	4:3	15-18	54.11
02899	春秋異文考	陳新雄	師大國文研究所集刊	7	383-536	52.6
02900	春秋董氏說考逸	夏書枚	新亞書院學術年刊	3	1-26	50.9
02901	春秋祭國別紀	陳槃	大陸雜誌	29:10-11	83-84	53.12
02902	春秋經與三傳的特質	盧元駿	文海	7	14-15	54.5
02903	春秋經傳說	鍾應梅	華國	1	26-38	46.7
02904	春秋辨例後記	戴君仁	民主評論	12:19	23	50.10
02905	清道光朝有關春秋三傳著述諸作者傳略	李蘊珊	幼獅學誌	6:2	1-35	56.7
02906	讀春秋三傳記「晉伐虢」事後	許世瑛	文學雜誌	2:5	26-31	46.7
	(二)左傳					
02907	太史公左氏春秋義述	劉正浩	師大國文研究所集刊	6	259-428	51.6
02908	古有莘有窮兩國別紀	陳槃	大陸雜誌	23:11	1-7	50.12
02909	古邶鄘越三國別紀	陳槃	孔孟學報	8	145-167	53.9
02910	古寒斟灌斟鄩三國別紀	陳槃	大陸雜誌	25:11	1-6	51.12
02911	古黎鄘慎二國別紀	陳槃	孔孟學報	7	91-108	53.4
02912	左丘明傳春秋考	牟潤孫	民主評論	4:11	12-15	42.6
02913	左丘明傳春秋考（續）	牟潤孫	民主評論	4:12	22-23	42.6
02914	左傳中「所」字用法的研究	龍良棟	淡江學報	2	71-111	52.2
02915	左傳引詩考	楊向時	淡江學報	3	157-180	53.11
02916	左傳書名及其性質辨疑	潘文光	中文學會學報	8	42-50	56.9
02917	左傳「著者」問題的商榷	徐道鄰	民主評論	4:15	23	42.8
02918	左傳「穆姜之姨子也」質疑	芮逸夫	清華學報	1:3	1-10	47.9
02919	左傳賦詩考	楊向時	孔孟學報	13	89-124	56.4
02920	竹添光鴻、左傳會箋論評	李維棻	大陸雜誌	26:10	21-27	52.5
02921	邢國遷徙考	趙鐵寒	大陸雜誌	11:12	7-12	44.12
02922	春秋左氏傳杜注釋例	葉政欣	師大國文研究所集刊	9	485-614	54.6
02923	春秋左氏傳地名圖考	王恢	華岡學報	4	461-466	56.12
02924	春秋左氏傳時月日例辨正	戴君仁	孔孟學報	7	79-90	53.4
02925	春秋北燕、崇、萊、杜三國別紀	陳槃	孔孟學報	11	69-91	55.4
02926	春秋夷、狄、北戎、犬戎別記	陳槃	孔孟學報	10	135-156	54.9
02927	春秋宋刑徐吕四國別紀	陳槃	孔孟學報	5	93-126	52.4
02928	春秋宋國別紀	陳槃	大陸雜誌	10:7	1-2	44.4
02929	春秋宗、房、不羹、廧咎如、隰戎山戎、茅戎、陸渾之戎別紀	陳槃	孔孟學報	14	137-163	56.9

高等英文典.俄國大政策.泰西經濟學者列傳.惠靈吞處梭哲學史要.西洋哲學史.心理學.心學.中西藥物名表.英語冠語用法.中和辭典.各國憲法.社會問題.人生之目的

35【通禮】蔡仁錫所著書

40【通志】三通.四庫全書薈要.學生古書讀本.金山錢氏家刻書.

0【通志序】三通序

1【通志二十略】四部備要

8【通志金石略】四明葛氏金石叢書

9【通志堂經解】清納蘭成德容若校刊何焯屺瞻評論附　易　子夏易傳十一卷.易數鉤隱圖三卷附遺論九事一卷.(宋劉牧)橫渠易說三卷(宋張載)易學一卷.(宋王湜)紫巖易傳十卷.(宋張浚)漢上易傳十一卷.附卦圖三卷.叢說一卷.(宋朱震)易璇璣三卷(宋吳沆)周易義海撮要十二卷.(宋李衡)易小傳六卷.(宋沈該)復齋易說六卷.(宋趙彥肅)古周易一卷.(宋呂祖謙)童溪易傳三十卷.(宋王宗傳)周易裨傳二卷.(宋林至)易圖說三卷.(宋吳仁傑)易學啟蒙通釋二卷.(宋胡方平)周易玩辭十六卷.(宋項安世)東谷翼易傳二卷.(宋趙汝諧)三易備遺十卷.(宋朱元昇)丙子學易編一卷.(宋李心傳)易學啟蒙小傳一卷.(宋稅與權)水村易鏡一卷.(宋林光世)文公易說二十三卷.(宋朱鑑)周易輯說十卷.(宋王申子)周易傳義附錄十四卷.(宋董楷)周易輯聞六卷附易雅一卷.筮宗一卷.(宋趙汝楳)學易記九卷.(元李簡)讀易私言一卷.(元許衡)大易集說十卷.(元俞琰)周易本義附錄纂注十五卷(元胡一桂)周易啟蒙翼傳三篇外篇一篇.(元胡一桂)周易本義通釋十二卷.(元胡炳文)易纂言十三卷.(元吳澄)周易會通十四卷.(元董真卿)周易本義集成十二卷.(元熊良輔)易圖通變五卷.(元雷思齊)易象圖說三卷.(道藏本　元張理)大易象數鉤深圖三卷.(道藏本　元張理)周易參義十二卷.(元梁寅)合訂刪補大易集義粹言八十卷.(清成德)　書　書古文訓十六卷.(宋薛季宣)尚書全解四十卷.(原缺三十四卷　宋林之奇)禹貢論四卷.(宋程大昌)尚書說七卷.(宋黃度)增修東萊書說三十五卷.(宋時瀾)書疑九卷.(宋王柏)書集傳或問二卷.(宋陳大猷)禹貢集解二卷.(宋傅寅)尚書詳解十三卷.(宋胡士行)尚書表註二卷.(元金履祥)尚書纂傳四十六卷.(元王天與)書傳六卷.(輯錄纂疏　元董鼎)書纂言四卷.(元吳澄)書蔡傳旁通六卷.(元陳師凱)尚書句解十三卷.(元朱祖義)書集傳纂疏六卷.(元陳櫟)尚書通考十卷.(元黃鎮成)讀書管見二卷.(元王充耘)定正洪範一卷.(元胡一中)　詩　毛詩指說一卷(唐成伯瑜)毛詩本義十五卷附鄭氏詩譜一卷.(宋歐陽修)毛詩集解四十二卷.(宋李樗　黃櫄)毛詩名物解二十卷.(宋蔡卞)詩說一卷.(宋張耒)詩疑二卷.(宋王柏)詩傳遺說六卷(宋朱鑑)逸齋詩補傳三十卷.(宋失名)毛詩名物鈔八卷.(元許謙)詩經疑問七卷.(元朱倬)毛詩解集四卷.(明朱善)　春秋　春秋尊王發微十二卷.(宋孫復)春秋皇綱論五卷.(宋王晳)春秋傳十五卷.(宋劉敞)春秋權衡十七卷.(宋劉敞)春秋意林二卷.(宋劉敞)春秋名號歸一圖二卷.(五代馮繼先)春秋列國臣傳三十卷.(宋王當)春秋本例二十卷.(宋崔子方)春秋經筌十六卷.(宋趙鵬飛)石林春秋傳二十卷(宋葉夢得)春秋後傳十二卷.(宋陳傅良)春秋解集三十卷.(宋呂祖謙)春秋左氏傳說二十卷.(宋呂祖謙)春秋左氏傳事類始末五卷.(宋章沖)春秋提綱十卷.(宋陳則通)春秋王霸列國世紀編三卷.(宋李琪)春秋通說十三卷.(宋黃仲炎)春秋集註十一卷.(宋張洽)春秋或問二十卷.(宋呂大圭)春秋五論一卷.(宋呂大圭)春秋詳說三十卷.(宋家鉉翁)春秋類對賦一卷.(宋徐晉卿)春秋經解十五卷.(宋孫覺)春秋諸國統紀六卷.(元齊履謙)春秋本義三十卷.(元程端學)春秋或問十卷.(元程端學)春秋集傳十五卷.(元趙汸)春秋屬詞十五卷.(元趙汸)春秋師說三卷.(元趙汸)春秋左氏傳補註十卷.(元趙汸)春秋諸傳會通二十四卷.(元李廉)春秋集傳釋義大成十二卷.(元俞皐)讀春秋編十二卷.(元陳深)春王正月考二卷.(明張以甯)　三禮　三禮圖二十卷.(宋聶崇義)周禮訂義八十卷.(宋王與之)考工記解二卷.(宋林希逸)儀禮圖十七卷.(宋楊復)禮記集說一百六

書影十五（叢書子目類編）

滂喜齋叢書第二函
叢書集成初編・史地類
書序述聞一卷
(清)劉逢祿撰
皇淸經解續編(南菁書院本、蜚英館石印本)
論書序大傳一卷
(淸)鄭杲撰
集虛草堂叢書・鄭東父遺書
尙書譜一卷
(淸)宋翔鳳撰
皇淸經解續編(南菁書院本、蜚英館石印本)
書贊一卷
(漢)鄭玄撰　(淸)王仁俊輯
玉函山房輯佚書續編・經編書類

逸書之屬

尙書逸文二卷
(淸)江聲輯　(淸)孫星衍補訂
岱南閣叢書(乾隆嘉慶本、景乾隆嘉慶本)　古文尙書附
十三經讀本(唐文治輯)・尙書讀本附
叢書集成初編・史地類
逸書徵三卷
(淸)孫國仁撰
砭愚堂叢書
漆書古文尙書逸文考一卷附杜林訓故逸文
(淸)王紹蘭輯
蕭山王氏十萬卷樓輯佚七種
尙書逸湯誓考六卷附校勘一卷
(淸)徐時棟撰　校勘(淸)王皖撰
煙嶼樓集
尙書佚文一卷補遺一卷
(淸)王仁俊輯
經籍佚文

詩經類

正文之屬

毛詩不分卷
九經正文
宋刊巾箱本八經
毛詩一卷
五經(弘治本)
毛詩二卷
古香齋袖珍十種(內府本、南海孔氏本)・五經
詩經四卷
九經(求古齋本、觀成堂本、重刊求古齋本)
詩經白文四卷
五經白文
毛詩
十三經・經文
毛詩四卷
(明)陳鳳梧篆書
篆文六經
毛詩
篆文六經四書(康熙本、同文書局景康熙本、千頃堂書局景康熙本)

傳說之屬

漢

毛詩註二十卷
(漢)毛亨傳　(漢)鄭玄箋
袖珍十三經註
毛詩殘一卷(存卷三)
鳴沙石室古籍叢殘・羣經叢殘
毛詩殘一卷(存卷八)
東方學會叢書初集・敦煌石室碎金
毛詩殘一卷(存卷九鹿鳴以下)
鳴沙石室古籍叢殘・羣經叢殘
毛詩殘一卷(存卷九出車以下)
鳴沙石室古籍叢殘・羣經叢殘
毛詩殘一卷(存卷十)
鳴沙石室古籍叢殘・羣經叢殘
毛詩詁訓傳殘一卷(存卷十)
京都帝國大學文學部景印唐鈔本第一集
毛詩二南殘卷一卷
(漢)毛亨傳　(漢)鄭玄箋
京都帝國大學文學部景印唐鈔本第十集
毛詩殘三卷(存卷四至六)
(漢)鄭玄箋
霜峰草堂叢書
毛詩殘七卷(存卷一至卷七)

書影十六（歷代職官表）

內閣（第二表）

（大學士）滿、漢各二人，正一品，兼殿、閣及六部尚書銜。殿三曰：保和、文華、武英；閣三曰：體仁、文淵、東閣。（協辦大學士）滿、漢各一人，俱從尚書本銜，從一品。（內閣學士兼禮部侍郎）滿六人，漢四人，從二品。（侍讀學士）滿四人，蒙古、漢各二人，從四品。（侍讀）滿十人，漢二人，蒙古、漢軍各二人，正六品。（典籍）滿、漢、漢軍各二人，正七品。（中書）滿七十人，蒙古十六人，漢軍八人，漢三十人；貼寫，滿四十人，蒙古六人：從七品。（中書科中書舍人）滿二人，漢四人，從七品，掌書誥、敕。

		大學士 1	協辦大學士 2
1	三代	相	
2	秦	丞相 相國	
3	漢	相國 丞相 大司徒 大司馬 大司空	
4	後漢	太尉 司徒 司空 尚書令	
5	三國	蜀漢丞相 尚書令 魏司徒 大丞相 相國 中書監 中書令 吳左、右丞相	
6	晉	丞相 相國 司徒 中書監 中書令	
7	宋齊梁陳	丞相 相國 尚書令 左、右僕射 侍中 中書監 中書令	
8	北魏	丞相 司徒 侍中 尚書令 中書監	
9	北齊	丞相 侍中 尚書令 中書監	
10	後周	大丞相 大冢宰	
11	隋	內史 納言	尚書參掌機事
12	唐	尚書令 納言 內史 中書令 侍中 左、右僕射 同中書門下三品 左相 右相 同中書門下平章事	
13	五季	同中書門下平章事	
14	宋	同中書門下平章事 左、右僕射 太宰 少宰 左、右丞相	參知政事 左丞 右丞
15	遼	南、北府左宰相 南、北府右宰相 中書令 左丞相 右丞相 知中書省事 同中書門下平章事 左、右僕射 侍中 南、北府總知軍國事	南、北府知國事 參知政事 左丞 右丞
16	金	尚書令 左丞相 右丞相 平章政事 左右 僕射 領三省事 侍中 中書令	左丞 右丞 參知政事
17	元	中書令 左丞相 右丞相 平章政事 平章軍國重事	右丞 左丞 參政 昭文大學士與中書省事
18	明	中書左丞相 中書右丞相 內閣大學士 案自明胡惟庸謀逆始罷丞相官改尊內閣	

書影十七（淵鑑類函）

所游、李嶠寒食清明早赴王門率成詩曰遊客趨梁
鄴朝光入楚臺槐煙乘曉散榆火應春開日帶晴虹上
花隨早蝶來雄風乘令節餘吹拂輕灰　韋承慶寒食
應制詩曰鳳城春色曉龍禁早暉通舊火收槐燧餘寒
入桂宮鶯啼正隱葉雞鬭始開籠藹藹遥山滿仙歌始
樂風　宋王禹偁寒食詩曰寒食江都郡青旗賣楚醪
樓臺藏綠柳籬落露紅桃妓女穿輕屐笙歌泛小舠使
君慵不出愁坐讀離騷　元柳貫寒食山居詩曰歲月
無情日變遷惜春留得洒家錢梨花小雨鶯寒食楊柳
東風似去年志士屬當躬井臼善人誰為表原田老來

撫節偏多感何必雲安有杜鵑　劉因寒食道中詩曰
簪花楚楚歸寧女荷鍤紛紛上冢人萬古人心生意在
又隨桃李一番新　宋无寒食詩曰十日花時九雨風
年年百五病愁中春寒不禁香篝火紅蠟青煙憶漢宮
戴表元林邨寒食詩曰出門楊柳碧依依木筆花開
客未歸市遠無錫供熟食邨深有紵試生衣寒沙犬逐
遊鞍吠落日鴉銜祭肉飛聞說舊時春賽罷家家鼓笛
醉成圍

清明一

增 淮南子天文訓曰春分後十五日斗指乙為清明

歲時記云唐朝于清明取榆柳之火以賜近臣順陽氣
也　會要曰禁火乃周之舊制唐宋清明日賜新火亦
周人出火之義　白居易云節過藏煙時當改火

清明二

增 景龍文館記曰清明節唐中宗命侍臣為拔河之戲
以大麻絙兩頭繫千條小繩數人執之爭挽以力弱者
為輸又按景龍四年上御梨園命三品以上抛毬拔河
韋巨源唐休璟衰老隨絙踣地不能興上及皇后妃臨
觀大笑　唐輦下歲時記曰長安清明尚食內園官小
兒于殿前鑽火先得火者進上賜絹三匹金碗一口都

人聚門外以觀　夢華錄云京師清明日四野如市芳
樹園圃之間羅列杯盤互相酬勸歌舞徧滿抵暮而歸

清明三

增 日在婁　斗指乙（三月之節日在婁清明爲三月節下詳清明一）　桐始
開華　榆方出火（清明之日桐始華春取榆柳之火以順陽時火氣）　拔河
淘井（上詳清明二　志林云黃州俗清明淘井東坡在黃州夢參寥誦所作新詩覺而記兩句云寒食清明都過了石泉榆火一時新夢中日火固新矣泉何故新答曰俗以清明日淘井後七年守錢塘而參寥已居智果院軾于寒食之明日泛湖謁參寥汲泉鑽火烹黃蘗茶忽悟所夢詩作應夢記）　鬭雞　走
狗（東城父老傳云唐明皇樂民間清明鬭雞戲及即位治雞坊索長安雄雞金尾鐵距高冠昂尾千數養于雞坊選六軍小兒五百使馴飼之時賈昌年七歲爲五百小兒長天子甚愛幸之金帛之賜日至其家人不明）

0266

書影十八（武威漢簡——儀禮士相見之禮第三）

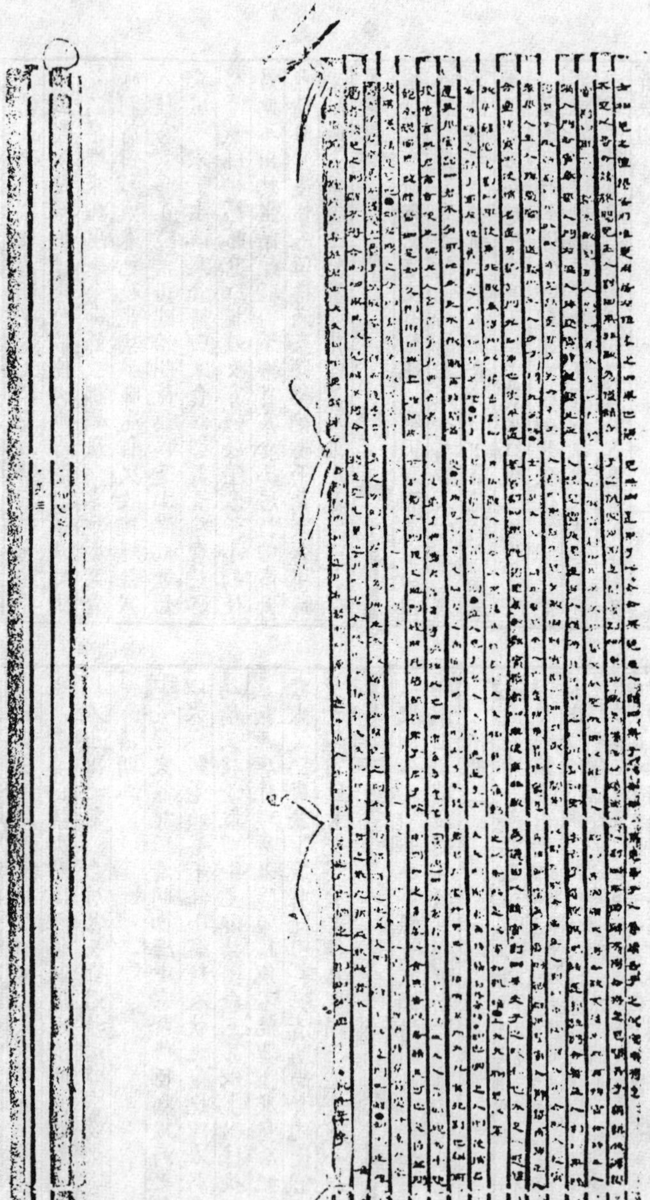

書影十九（馬王堆出土帛書老子隸書本）

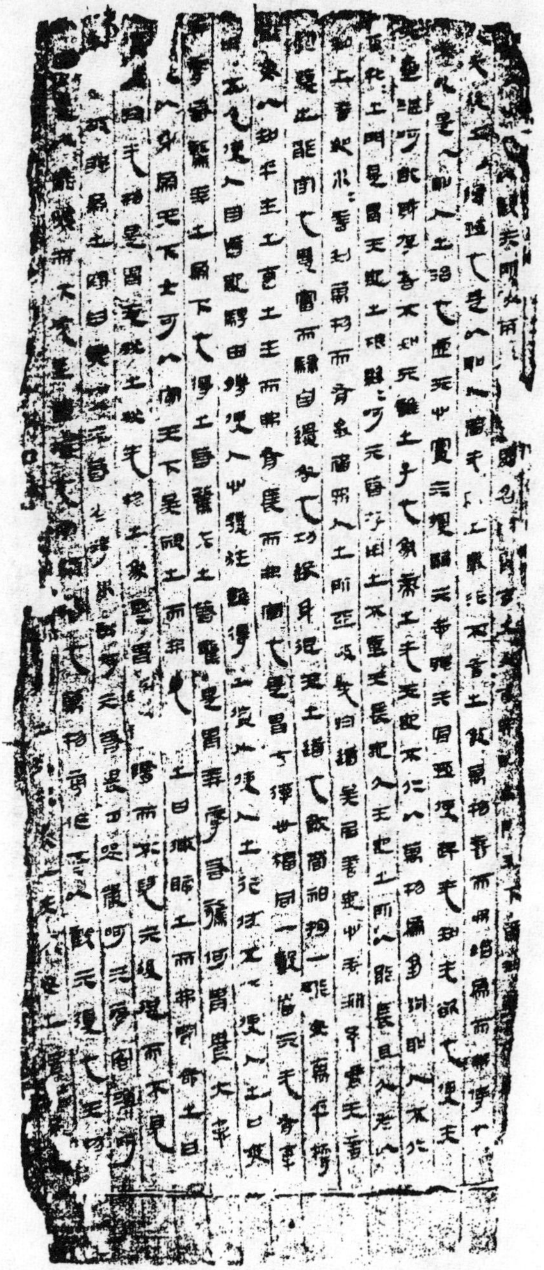

《老子》乙本片段（原高约二四厘米）

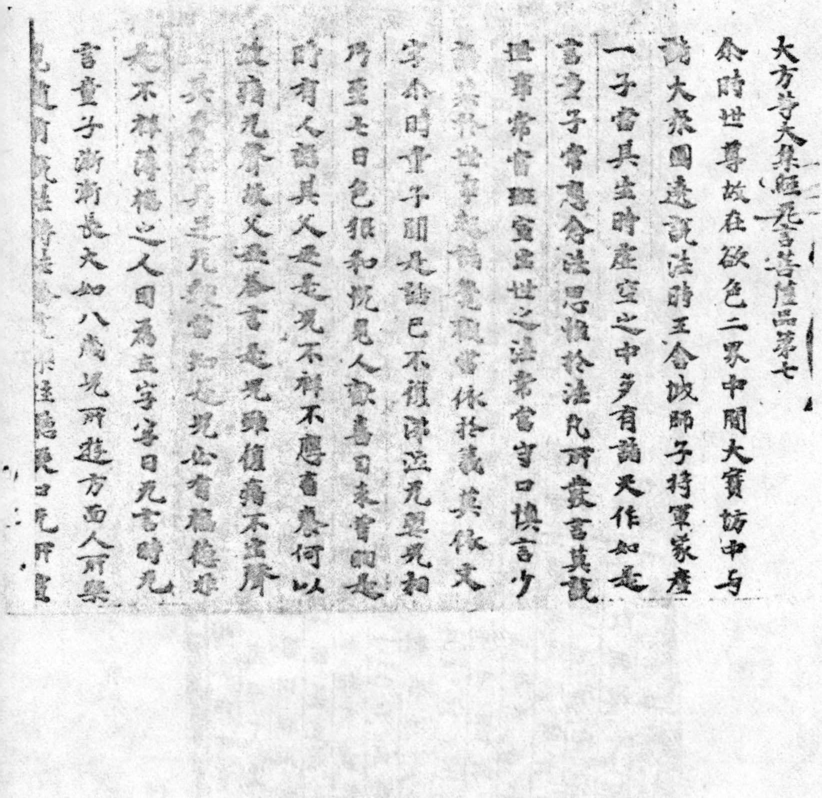
大方等大集經无言菩薩品第七
尒時世尊故在欲色二界中間大寶坊中与
諸大衆圍遶說法時王舍城師子將軍家產
一子當其生時虛空之中多有諸天作如是
言童子常應念法思惟於法凡所發言莫說
世事常當讚寶出世之法常當守口慎言少
論莫說世事起諸覺觀當依於義莫依文
字尒時童子聞是語已不復啼泣无嬰兒相
乃至七日色根和悅見人歡喜目未曾眴是
時有人語其父母是兒不祥不應畜養何以
故雖兒聲族父母答言是兒雖復瘖不出聲
其有相者是兒相當知是兒必有福德非
是不祥薄福之人因為立字字曰无言時无
言童子漸漸長大如八歲見所遊方西人所集
處有說法[illegible]往聽聞[illegible]

書影二十一（旋風裝）

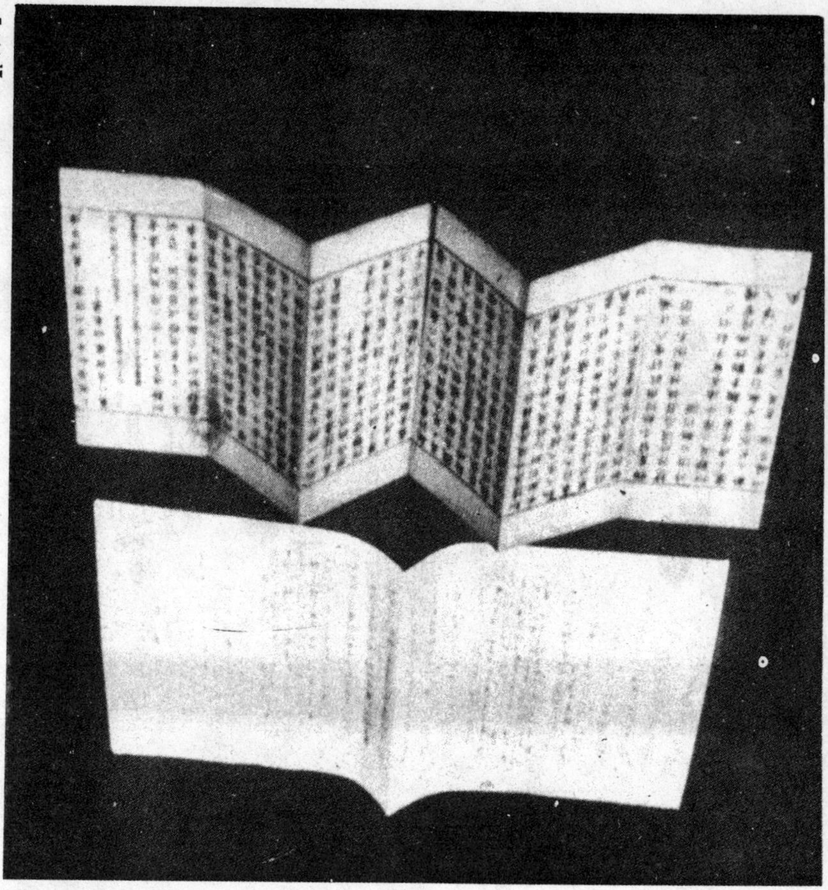

書影二十二（甲骨刻辭）

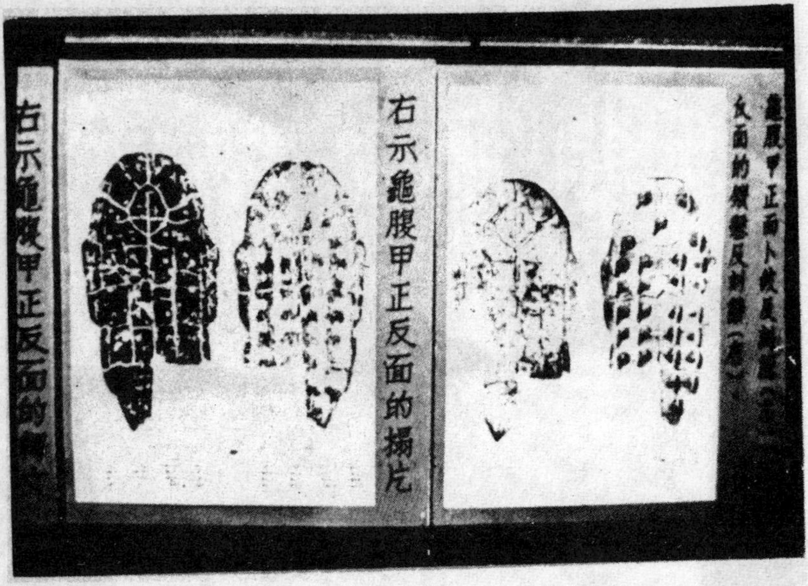

書影二十三（青銅鑄辭——散氏盤）

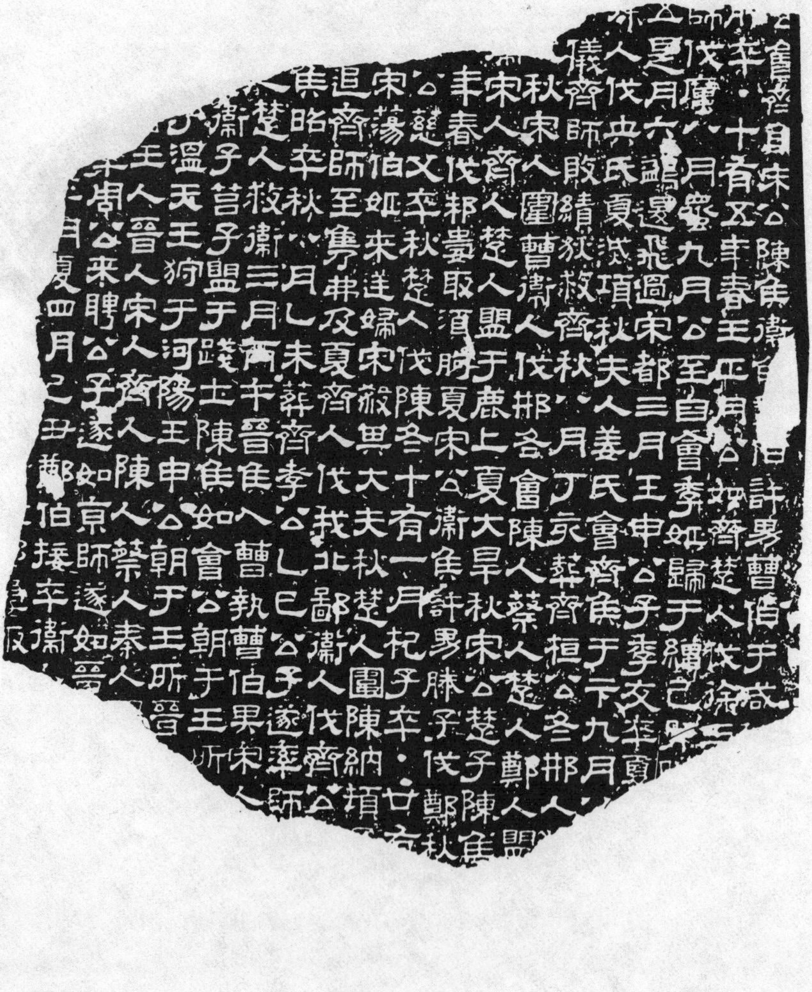

書影二十四（熹平石經）

書影二十五（璽印）

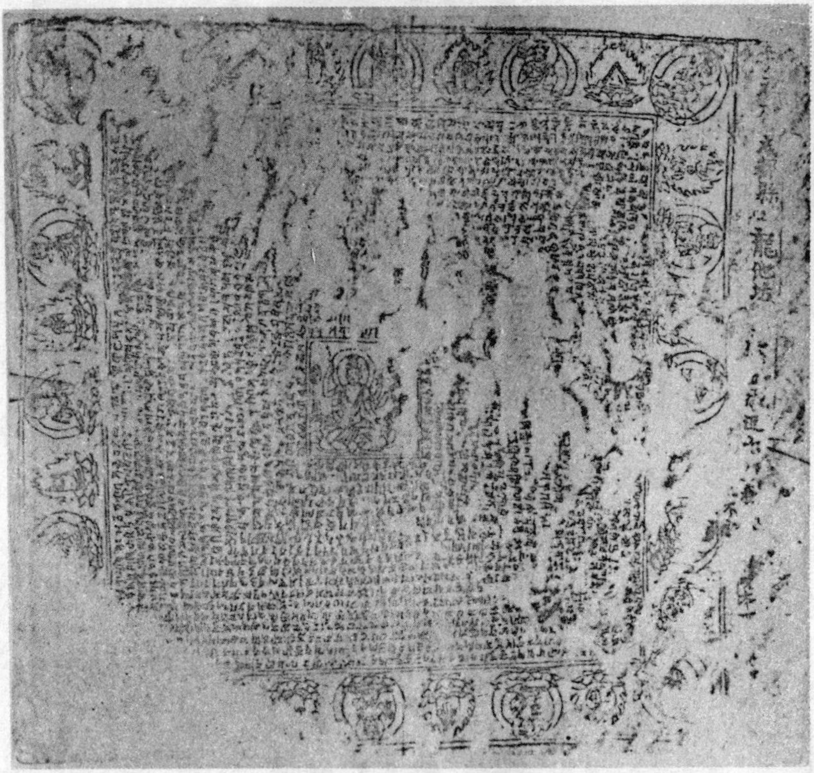

書影二十六（唐成都府卞家刻本陀羅尼經咒）

書影二十七（唐咸通九年刻本金剛般若波羅蜜經）

殷本紀第三　史記三

殷契母曰簡狄有娀氏之女淮南子曰有娀在不周之北爲帝嚳次
妃三人行浴見玄鳥墮其卵簡狄取吞之因孕生
契契長而佐禹治水有功帝舜乃命契曰百姓不
親五品不訓汝爲司徒而敬敷五教五教在寬封
於商鄭玄曰商國在太華之陽皇甫謐曰今上洛商是也賜姓子氏禮緯曰祖以玄鳥生子也契
興於唐虞大禹之際功業著於百姓百姓以平契
卒子昭明立　昭明卒子相土立宋忠曰相土就契封於商春秋左氏傳曰閼伯居商丘相土因之
相土卒子昌若立　昌若卒子曹圉立
曹圉卒子冥立宋忠曰冥司空勤其官事死於水中殷人郊之冥卒子振立

振卒子微立　微卒子報丁立　報丁卒子報乙
立　報乙卒子報丙立　報丙卒子主壬立　主
壬卒子主癸立　主癸卒子天乙立是爲成湯成
湯張晏曰禹湯皆字也二王去唐虞之文從高陽之質故夏殷之王皆以名爲號謚法曰除虐去殘曰湯自契至
湯八遷孔安國曰十四世凡八徙國都湯始居亳皇甫謐曰梁國穀熟爲南亳即湯都也從先
王居孔安國曰契父帝嚳都亳湯自商丘遷焉故曰從先王居作帝誥湯征諸侯孔安國曰爲夏
方伯得專征伐葛伯不祀湯始伐之孟子曰湯居亳與葛伯爲鄰地理志曰葛今梁國寧陵之葛鄉
湯曰予有言人視水見形視民知治不伊尹曰明
哉言能聽道乃進君國子民爲善者皆在王官勉
哉勉哉湯曰女不能敬命予大罰殛之無有攸赦

書影二十九（南宋紹興初監本周易注疏）

周易注疏卷第二

國子祭酒上護軍曲阜縣開國子臣孔穎達奉

勑撰

☷坤下坤上 坤元亨利牝馬之貞 注云坤貞之所利利於牝馬也馬在下而行者也而又牝焉順之至也至順而後乃亨故唯利於牝馬之貞 君子有攸往先迷後得主利西南得朋東北喪朋安貞吉 西南致養之地與坤同道者也故曰得朋東北反西南者也故曰喪朋陰之爲物必離其黨之於反類而後獲安貞吉

疏 正義曰此一節是文王於坤卦之下陳坤德之辭但乾坤合體之物故乾後次坤言

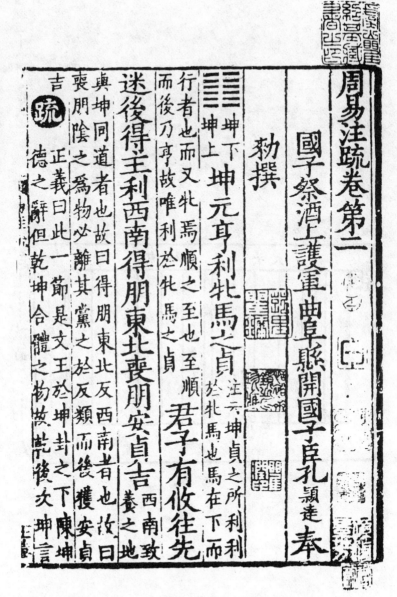

書影三十（書之版式）

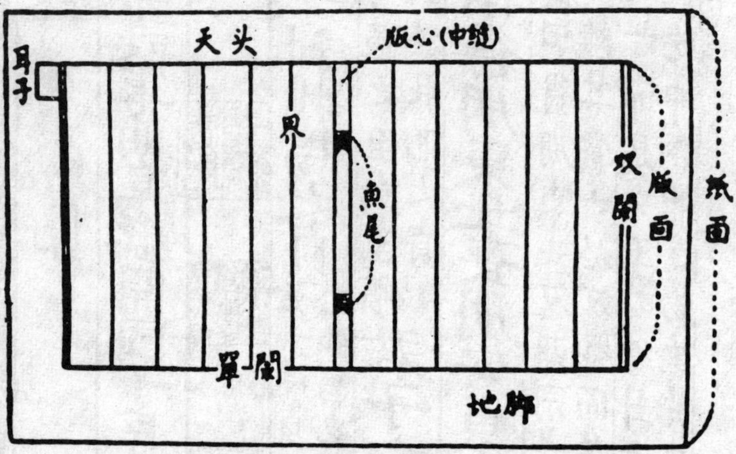

版式

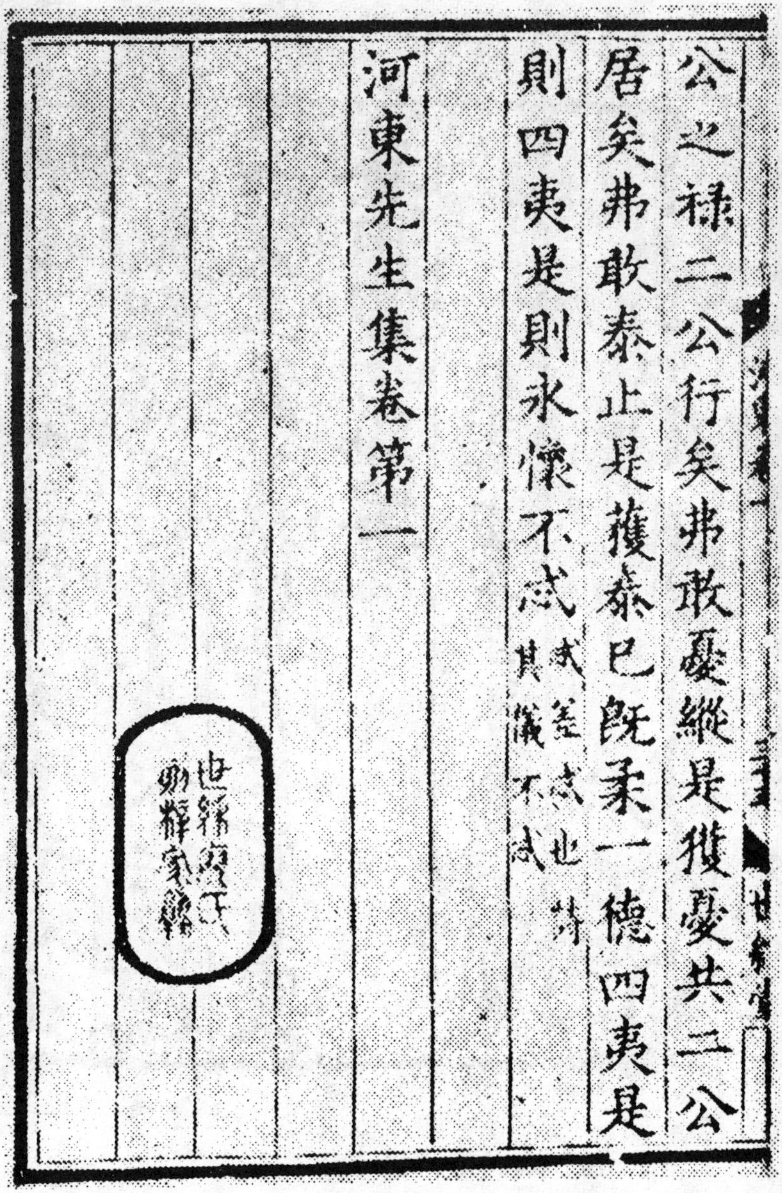
公之祿二公行矣弗敢憂縱是獲憂共三公
居矣弗敢泰止是獲泰巳既柔一德四夷是
則四夷是則永懷不忒忒差忒也詩其儀不忒
河東先生集卷第一
世綵廖氏刻梓家塾

書影三十一（牌記——宋咸淳廖氏世綵堂刻本河東先生集）

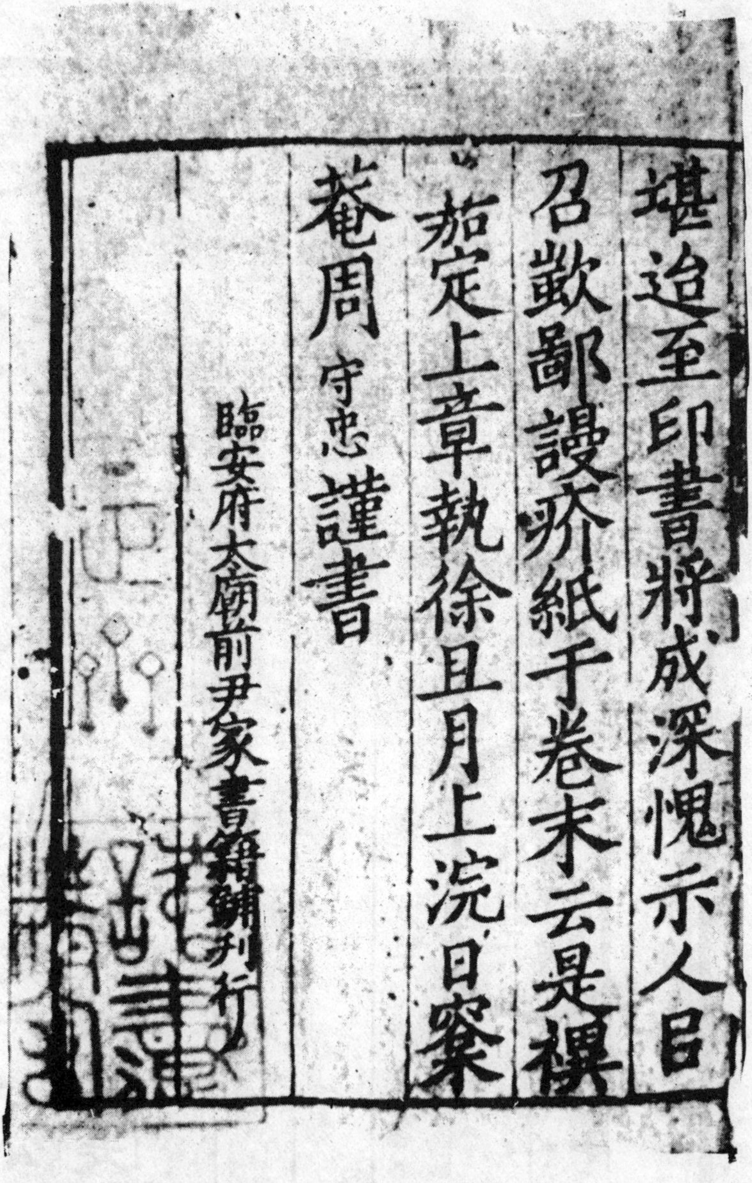

堪追至印書將成深愧示人曰
召歎鄙謏疥紙于卷末云是禩
嘉定上章執徐且月上浣日寀
菴周守忠謹書
臨安府太廟前尹家書籍鋪刊行

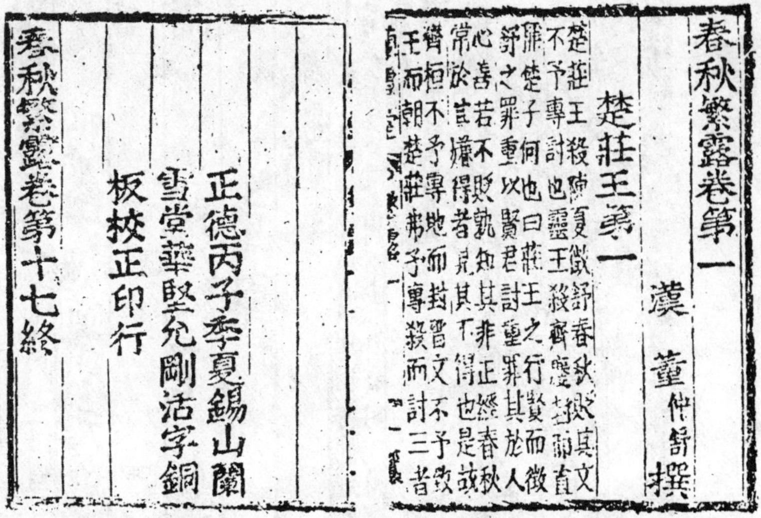

春秋繁露卷第一　漢董仲舒撰

楚莊王第一

楚莊王殺陳夏徵舒春秋貶其文不予專討也靈王殺齊慶封而直稱楚子何也曰莊王之行賢而徵舒之罪重以賢君討重罪其於人心善若不貶孰知其非正經春秋常於其嫌得者見其不得也是故齊桓不予專地而封晉文不予致王而朝楚莊弗予專殺而討三者

正德丙子季夏錫山蘭雪堂華堅允剛活字銅板校正印行

春秋繁露卷第十七終

書影三十三（明正德十一年華堅蘭雪堂銅活字印本春秋繁露）

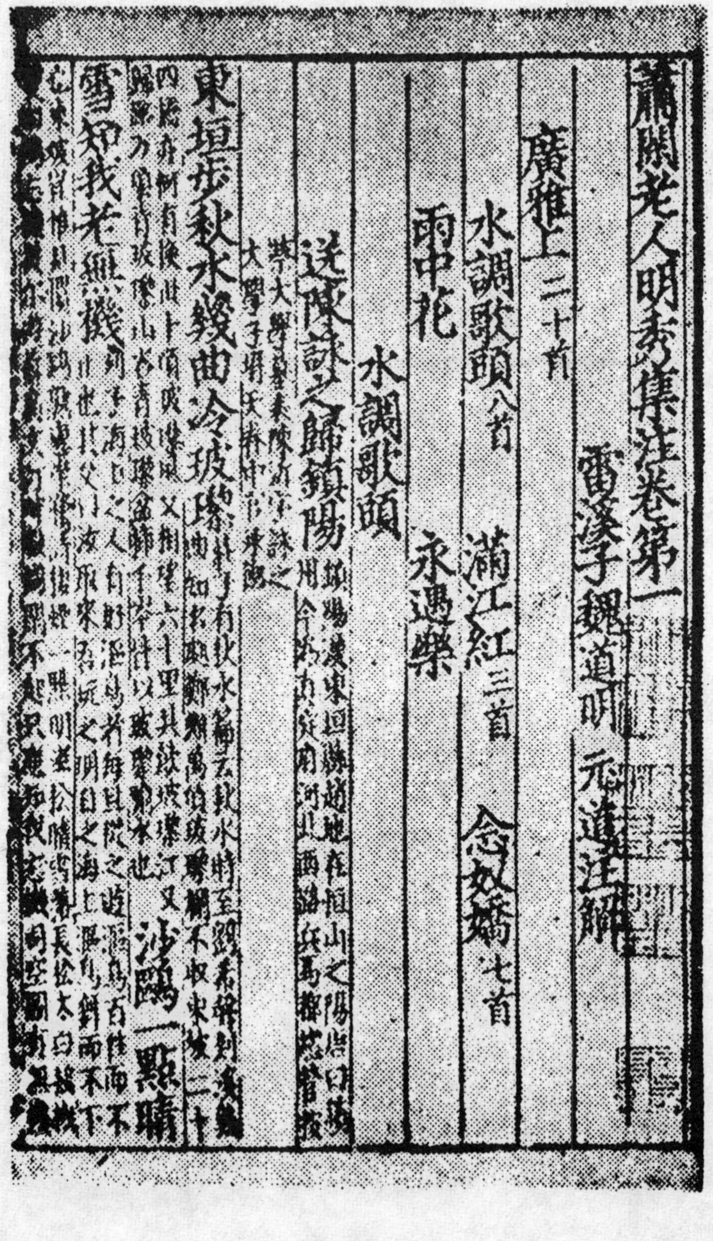
蕭閑老人明秀集注卷第一
雷溪子魏道明元道注解
廣雅上 二十首
水調歌頭八首　滿江紅三首　念奴嬌七首
雨中花　永遇樂
水調歌頭
送陳詠之歸鎮陽
東垣步秋水幾曲冷玻璃……沙鷗一點晴……
雪卻我老無機……

書影三十四（金刻本蕭閑老人明秀集注）

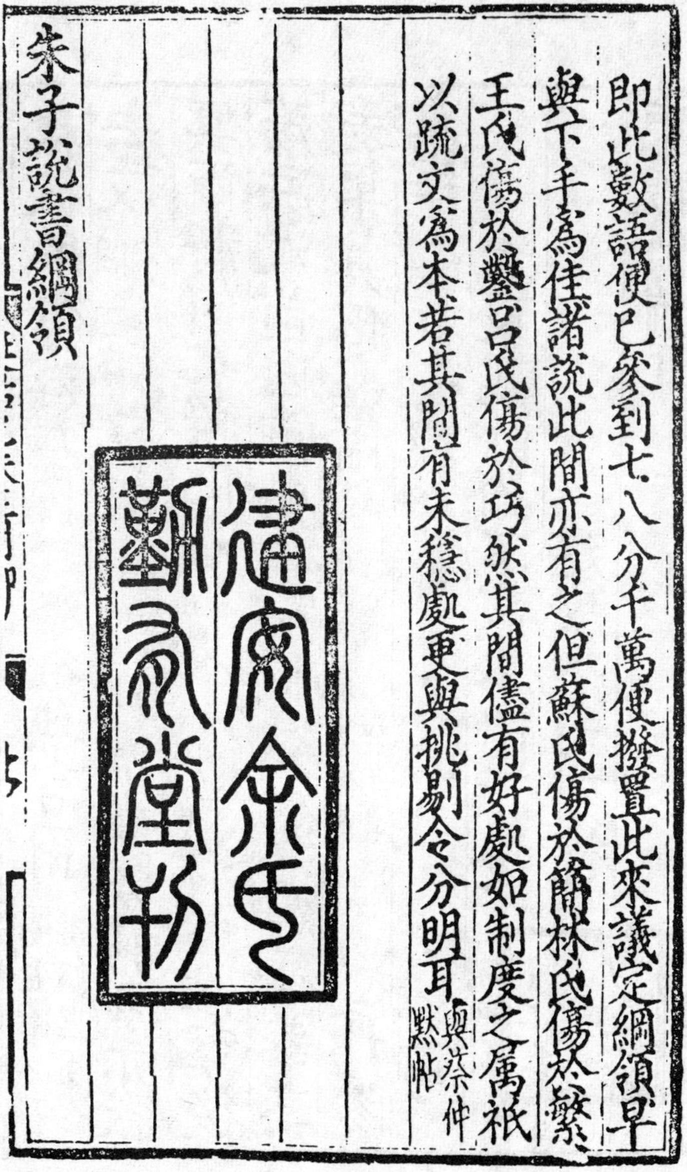

即此數語便已參到七八分千萬便撥置此來議定綱領早
與下手爲佳諸說此間亦有之但蘇氏傷於簡林氏傷於繁
王氏傷於鑿呂氏傷於巧然其間儘有好處如制度之屬祗
以疏文爲本若其間有未穩處更與挑剔令分明耳與蔡仲默帖

建安余氏勤有堂刊

朱子說書綱領

書影三十五（元延祐己未年建安余氏勤有堂刊本朱子說書綱領）

書影三十六（明建安漕司本東觀餘論）

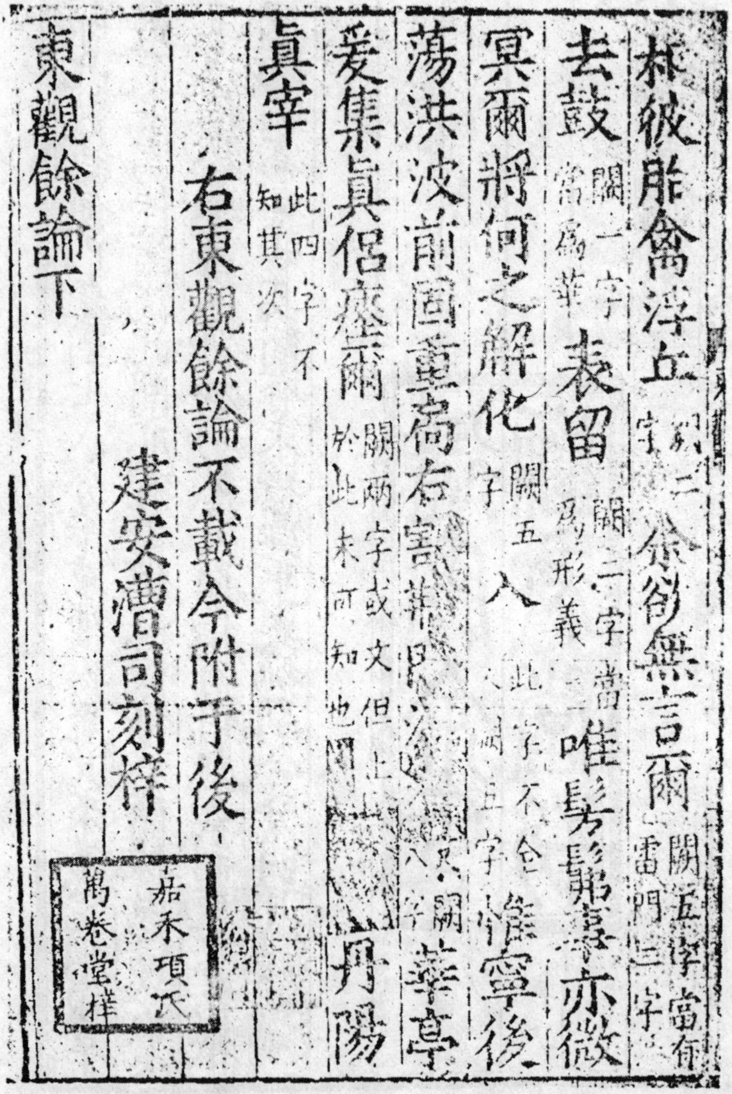

林彼能禽浮丘（闕二字）僉谷無言爾（闕五字當有雷門二字）

去鼓（闕一字當爲華）表留（闕二字當爲形義）唯髮鬚亭亦微

冥爾將何之解化（闕五字）入（此字不合入闕五字）維寧後

蕩洪波前圖熏寫右害並畏途（只八字闕）華亭

爰集眞侶瘞爾（闕兩字或文但上於此未可知也）丹陽

眞宰（此四字不知其次）

右東觀餘論不載今附于後

建安漕司刻梓

東觀餘論下

嘉禾項氏萬卷堂梓

書影三十七（清乾隆四年校刊武英殿本史記五帝本紀）

史記卷一

漢　太　史　令司馬遷　撰
宋中郎外兵曹參軍裴　駰集解
唐國子博士弘文館學士司馬貞索隱
唐諸王侍讀率府長史張守節正義

五帝本紀第一

[集解]裴駰曰凡是徐氏義稱徐姓名以別之餘
者悉是駰註解并集衆家義[索隱]紀者記也本
其事而記之故曰本紀又紀理也絲縷有紀而
帝王書稱紀者言爲後代綱紀也[正義]鄭玄注
中候勑省圖云德合五帝坐星者稱帝又坤靈
圖云德配天地在正不在私曰帝按太史公依
世本大戴禮以黃帝顓頊帝嚳唐堯虞舜爲五
帝譙周應劭宋均皆同而孔安國尚書序皇甫

謐帝王世紀孫氏注世本並以伏犧神農黃帝
爲三皇少昊顓頊高辛唐虞爲五帝裴松之史
目云天子稱本紀諸侯曰世家本者繫其本系
故曰本紀紀者理也統理衆事繫之年月名之曰
紀第者次序之目一者舉數之由故曰五帝本
紀第一禮云動則左史書之言則右史書之左
陽故記動右陰故記言言爲尚書事爲
春秋按春秋時置左右史故云史記

黃帝者。[集解]徐廣曰號有熊[索隱]按有土德之瑞土色
黃故稱黃帝猶神農火德王而稱炎帝然也此
以黃帝爲五帝之首蓋依大戴禮五帝德又譙周宋均
亦以爲然而孔安國皇甫謐帝王代紀及孫氏註系本
並以伏犧神農黃帝爲三皇少昊高陽高辛唐虞爲五
帝註號有熊者以其本是有熊國君之子故也都軒轅
之丘因以爲名又以爲號又據左傳亦號帝鴻氏也[正
義]輿地志云涿鹿本名彭城黃帝初都遷有熊也按黃
帝有熊國君乃少典國君之次子號曰有熊氏又曰縉
雲氏又曰帝鴻氏亦曰帝軒氏母曰附寶之祁野見大
電繞北斗樞星感而懷孕二十四月而生黃帝於壽丘
壽丘在魯東門之北今在兗州曲阜縣東北六里生日

角龍顏有景雲之瑞以土德王故曰
黃帝封泰山禪亭亭亭亭在牟陰
少典之子。[集解]譙
周曰有
熊國君少典之子也皇甫謐曰有熊今河南新鄭是也
[索隱]少典者諸侯國號非人名也又按國語云少典娶
有蟜氏女而生炎帝然則炎帝亦少典之子炎黃二帝
雖則承帝王代紀中間凡隔八帝五百餘年若以少典
是其父名豈黃帝經五百餘年而始代炎帝後爲天子
乎何其年之長也又按秦本紀云顓頊氏之裔孫曰女
脩吞玄鳥之卵而生大業大業娶少典氏而生栢翳明
少典是國號非人名也黃帝者少典氏後代之子孫賈
逵亦以左傳高陽氏有才子八人亦謂其後代子孫而
稱爲子是也譙周字允南蜀人魏散騎常侍徵不拜此
註所引者是其人所著古史考之說也皇甫謐字士安
晉人號玄晏先生今所引者是其所作帝王世紀也
姓公孫，名曰軒轅。[索隱]按皇甫謐云黃帝生於壽丘長
於姬水因以爲姓居軒轅之丘因以
爲名又以爲號是本姓公
孫長居姬水因改姓姬
生而神靈，弱而能言。[索隱]弱
謂幼弱
將也蓋未合能言之時而黃帝卽言所以爲神異也潘
岳有哀弱子篇其子未七旬曰弱[正義]言神異也易曰

陰陽不測之謂神書曰人惟
萬物之靈故謂之神靈也
幼而徇齊。[集解]徐廣曰墨
子曰年踰十五
則聰明心慮無不徇通矣駰案徇疾齊速也言聖德幼
而疾速也[索隱]斯文未明今案徇齊皆德也書曰聰明
齊聖左傳曰子雖齊聖齊謂聖德齊肅又按孔子家語
及大戴禮並作叡齊一本作慧齊叡慧皆智也太史公
採大戴禮而爲此紀今彼文無作徇者史記舊本亦有
作濬齊蓋古字假借徇爲濬濬深也義亦並通爾雅齊
速俱訓爲疾尚書大傳曰多聞而齊給鄭註云齊疾也
今裴氏註云徇亦訓疾未見所出或當讀徇爲迅迅於
爾雅與齊俱訓疾則迅濬雖異字而音同也又爾雅曰
宣徇遍也濬通也是遍之與通義亦相近言黃帝幼而
才智周徧且辯給也故墨子亦云年踰五十則聰明心
慮不徇通矣俗本作十五非是按謂年老踰五十不聽
明何得
云十五
長而敦敏，成而聰明。[正義]成謂年二十冠成人
也聰明聞見明辯也此以
上至軒轅皆
大戴禮文
軒轅之時，神農氏世衰。[集解]皇甫謐曰易
稱庖犧氏沒神農
氏作是爲炎帝班固曰教民耕農故號曰神農[索隱]世
衰謂神農氏後代子孫道德衰薄非指炎帝之身卽班

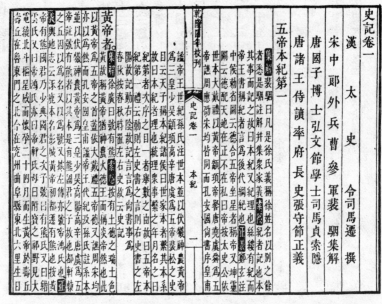

附錄四

本書著錄書名筆畫索引

五畫

十二畫

十三畫

十二畫

十四畫

十五畫

讀書指導

著　　者：王熙元、黃慶萱
　　　　　許錟輝、張建葆
發 行 人：許錟輝
出 版 者：萬卷樓圖書有限公司
　　　　　台北市羅斯福路二段 41 號 6 樓之 3
　　　　　電話(02)23216565・23952992
　　　　　FAX(02)23944113
　　　　　劃撥帳號 15624015
出版登記證：新聞局局版臺業字第 5655 號
網站網址：http://www.wanjuan.com.tw/
E　-mail：wanjuan@tpts5.seed.net.tw
經銷代理：紅螞蟻圖書有限公司
　　　　　台北市內湖區文德路 210 巷 30 弄 25 號
　　　　　電話(02)27999490
　　　　　FAX(02)27995284
承印廠商：晟齊實業有限公司
定　　價：200 元
出版日期：民國 89 年 9 月初版

ISBN 957-739-300-4